AS ARTIMANHAS DA EXCLUSÃO

COLEÇÃO PSICOLOGIA SOCIAL

Coordenadores:
Pedrinho A. Guareschi – Pontifícia Universidade
Católica do Rio Grande do Sul (UFRGS)
Sandra Jovchelovitch – London School of Economics
and Political Science (LSE) – Londres

Conselho editorial:
Denise Jodelet – L'École des Hautes Études en Sciences Sociales – Paris
Ivana Marková – Universidade de Stirling – Reino Unido
Paula Castro – Instituto Superior de Ciências do Trabalho e da Empresa (Iscte) – Lisboa
Ana Maria Jacó-Vilela – Universidade do Estado do Rio de Janeiro (Uerj)
Regina Helena de Freitas Campos – Universidade Federal de Minas Gerais (UFMG)
Angela Arruda – Universidade Federal do Rio de Janeiro (UFRJ)
Neuza Maria de Fátima Guareschi – Pontifícia Universidade Católica do Rio Grande do Sul (UFRGS)
Leoncio Camino – Universidade Federal da Paraíba (UFPB)

Dados Internacionais de Catalogação na Publicação (CIP)
(Câmara Brasileira do Livro, SP, Brasil)

As artimanhas da exclusão : análise psicossocial e ética da desigualdade social / Bader Sawaia (org.). – 14. ed. – Petrópolis, RJ : Vozes, 2014.

9ª reimpressão, 2025.

1. Exclusão social 2. Marginalidade social 3. Pobreza – Aspectos morais e éticos 4. Psicologia social I. Sawaia, Bader.

07-4327   CDD-305.5

Índices para catálogo sistemático:
1. Desigualdade social : Sociologia   305.5
2. Marginalidade social : Sociologia   305

Bader Sawaia (org.)

AS ARTIMANHAS DA EXCLUSÃO

Análise psicossocial e ética da desigualdade social

Petrópolis

© 1999, Editora Vozes Ltda.
Rua Frei Luís, 100
25689-900 Petrópolis, RJ
www.vozes.com.br
Brasil

Todos os direitos reservados. Nenhuma parte desta obra poderá ser reproduzida ou transmitida por qualquer forma e/ou quaisquer meios (eletrônico ou mecânico, incluindo fotocópia e gravação) ou arquivada em qualquer sistema ou banco de dados sem permissão escrita da editora.

CONSELHO EDITORIAL

Diretor
Volney J. Berkenbrock

Editores
Aline dos Santos Carneiro
Edrian Josué Pasini
Marilac Loraine Oleniki
Welder Lancieri Marchini

Conselheiros
Elói Dionísio Piva
Francisco Morás
Teobaldo Heidemann
Thiago Alexandre Hayakawa

Secretário executivo
Leonardo A.R.T. dos Santos

PRODUÇÃO EDITORIAL

Anna Catharina Miranda
Eric Parrot
Jailson Scota
Marcelo Telles
Mirela de Oliveira
Natália França
Priscilla A.F. Alves
Rafael de Oliveira
Samuel Rezende
Vanessa Luz
Verônica M. Guedes

Editoração: Norberto Coronel Garcia
Diagramação: AG.SR Desenv. Gráfico
Capa: Studio Graph-it

ISBN 978-85-326-2261-7

Este livro foi composto e impresso pela Editora Vozes Ltda.

SUMÁRIO

Introdução: Exclusão ou inclusão perversa?
Bader Sawaia, 7

PRIMEIRA PARTE:
Reflexões acerca do conceito de exclusão
1. Refletindo sobre a noção de exclusão
Mariangela Belfiore Wanderley, 17

2. Exclusão social – Um problema brasileiro de 500 anos (notas preliminares)
Maura Veras, 29

SEGUNDA PARTE:
Análise psicossocial e ética da exclusão – Categorias analíticas
3. Os processos psicossociais da exclusão
Denise Jodelet, 55

4. O enfraquecimento e a ruptura dos vínculos sociais – Uma dimensão essencial do processo de desqualificação social
Serge Paugam, 69

5. "A doença como projeto" – Uma contribuição à análise de formas de afiliações e desafiliações sociais
Tereza Cristina Carreteiro, 89

6. O sofrimento ético-político como categoria de análise da dialética exclusão/inclusão
Bader Sawaia, 99

7. Identidade – Uma ideologia separatista?
Bader Sawaia, 121

8. A violência urbana e a exclusão dos jovens
Sílvia Leser de Mello, 131

9. Pressupostos psicossociais da exclusão: competitividade e culpabilização
Pedrinho Guareschi, 143

Sobre os autores, 159

INTRODUÇÃO: EXCLUSÃO OU INCLUSÃO PERVERSA?

Bader Sawaia

Exclusão é tema da atualidade, usado hegemonicamente nas diferentes áreas do conhecimento, mas pouco preciso e dúbio do ponto de vista ideológico. Conceito que permite usos retóricos de diferentes qualidades, desde a concepção de desigualdade como resultante de deficiência ou inadaptação individual, falta de qualquer coisa, um sinônimo do sufixo sem (less), até a de injustiça e exploração social. Um "conceito mala ou bonde", como falam Morin e Castel, que carrega qualquer fenômeno social e que provoca consensos, sem que se saiba ao certo o significado que está em jogo. Este caráter ambíguo tem levado muitos pesquisadores a propor sua substituição por outros mais precisos.

O presente livro, ao invés de rechaçar o conceito de exclusão, visando a precisão conceituai pela eliminação das ambiguidades, busca aprimorá-lo, explicitando estas últimas, por entender que elas não revelam erro ou imprecisão, mas a complexidade e contraditoriedade que constituem o processo de exclusão social, inclusive a sua transmutação em inclusão social.

A ambiguidade inerente ao conceito de exclusão abre a possibilidade de suplantar os vícios do monolitismo analítico, que orientam as análises da desigualdade social. Grande parte dessas enfocam apenas uma de suas características em detrimento das demais, como as análises centradas no econômico, que abordam a exclusão como sinônimo de pobreza, e as centradas no social, que privilegiam o conceito de discriminação, minimizando o escopo analítico fundamental da exclusão, que é o da injustiça social.

Analisar a ambiguidade constitutiva da exclusão é captar o enigma da coesão social sob a lógica da exclusão na versão social, subjetiva, física e mental. Portanto, este enfoque não deve ser confundido com a falta de coerência ou com relativismo, no sentido de tratar de tudo e aceitar qualquer significado.

Daí o caráter interdisciplinar do presente livro. Ele busca categorias analíticas, capazes de romper fronteiras acadêmicas e criar conceitos crioulos, fundindo interpretações. Mas, para não se perder nesta empreitada polissêmica, complexa e movediça, elegeu um objetivo bem claro: abordar a exclusão social sob a perspectiva ético-psicossociológica para analisá-la como processo complexo, que não é, em si, subjetivo nem objetivo, individual nem coletivo, racional nem emocional.

É processo sócio-histórico, que se configura pelos recalcamentos em todas as esferas da vida social, mas é vivido como necessidade do eu, como sentimentos, significados e ações.

Este livro pretende compreender as nuances das configurações das diferentes qualidades e dimensões da exclusão, ressaltando a dimensão objetiva da desigualdade social, a dimensão ética da injustiça e a dimensão subjetiva do sofrimento. Destaque também é dado à contraditoriedade que o constitui: a qualidade de conter em si a sua negação e não existir sem ela, isto é, ser idêntico à inclusão (inserção social perversa). A sociedade exclui para incluir e esta transmutação é condição da ordem social desigual, o que implica o caráter ilusório da inclusão. Todos estamos inseridos de algum modo, nem sempre decente e digno, no circuito reprodutivo das atividades econômicas, sendo a grande maioria da humanidade inserida através da insuficiência e das privações, que se desdobram para fora do econômico.

Portanto, em lugar da exclusão, o que se tem é a "dialética exclusão/inclusão".

Esta concepção introduz a ética e a subjetividade na análise sociológica da desigualdade, ampliando as interpretações legalistas e minimalistas de inclusão como as baseadas em justiça social e restritas à crise do Estado e do sistema de empregabilidade. Dessa forma, exclusão passa a ser entendida como descompromisso político com o sofrimento do outro.

Na análise psicológica, essa lógica dialética inverte a ideia de inclusão social, desatrelando-a da noção de adaptação e normatização, bem como de culpabilização individual, para ligá-la aos mecanismos psicológicos de coação. A lógica dialética explicita a reversibilidade da relação entre subjetividade e legitimação social e revela as filigranas do processo que liga o excluído ao resto da sociedade no processo de manutenção da ordem social, como por exemplo o papel central que a ideia de nós desempenha no mecanismo psicológico principal da coação social nas sociedades onde prevalece o fantasma do uno e da desigualdade, que é o de culpabilização individual. O pobre é constantemente incluído, por mediações de diferentes ordens, no nós que o exclui, gerando o sentimento de culpa individual pela exclusão.

A dialética inclusão/exclusão gesta subjetividades específicas que vão desde o sentir-se incluído até o sentir-se discriminado ou revoltado. Essas subjetividades não podem ser explicadas unicamente pela determinação econômica, elas determinam e são determinadas por formas diferenciadas de legitimação social e individual, e manifestam-se no cotidiano como identidade, sociabilidade, afetividade, consciência e inconsciência.

Em síntese, a exclusão é processo complexo e multifacetado, uma configuração de dimensões materiais, políticas, relacionais e subjetivas. É processo sutil e dialético, pois só existe em relação à inclusão como parte constitutiva dela. Não é uma coisa ou um estado, é processo que envolve o homem por inteiro e suas relações com os outros. Não tem uma única forma e não é uma falha do sistema, devendo ser combatida como algo que perturba a ordem social, ao contrário, ele é produto do funcionamento do sistema.

Esperamos, com este livro, oferecer subsídios para orientar praxis e políticas públicas de enfrentamento dos efeitos perversos da transmutação da exclusão em inclusão, isto é, da exclusão como inserção social, numa abordagem charneira, que se processa no entrecruzamento da Psicologia Social, da Sociologia e da Filosofia.

O livro está estruturado de forma a apresentar reflexões teórico-filosóficas, metodológicas e conceituais, e, por meio delas, desvelar artimanhas da exclusão e da desigualdade social, através de reflexões sobre cotidiano, consciência, afetividade, intersubjetividade, identidade, representação social e projeto de vida.

Seus textos oferecem uma rica plêiade conceitual e analítica reveladora de nuances dos processos que mantêm o excluído como parte integrante da sociedade. Uns textos são mais teóricos, outros constituem relatos de pesquisas realizadas no Brasil e na França, com ênfase na temática do trabalho, religião, educação, saúde, violência e moradia.

Os dois textos iniciais discutem o conceito de exclusão. O primeiro, realizado pela assistente social Mariangela B. Wanderley, apresenta as principais ideias e o debate sobre exclusão presentes na literatura francesa dos anos 90, a mais rica na temática. No segundo, a socióloga Maura Verás mostra a construção desse conceito na sociologia brasileira, começando pela teoria da marginalidade, passando pelo desenvolvimentismo, pela concepção funcional, até o debate atual entre a perspectiva dialética, a concepção de exclusão como "sobrante" e a retomada da perspectiva dualista.

A seguir, são apresentados textos que discutem a exclusão a partir de categorias analíticas específicas da Psicologia Social.

Denise Jodelet, psicóloga social francesa, sintetiza as inquietações que estão no bojo de todos os textos deste compêndio, na excelente frase: "o que faz com que, numa sociedade que cultua valores democráticos, as pessoas aceitem a injustiça e as práticas de discriminação"? Em seu texto, ela apresenta a "especificidade que a abordagem psicossocial da exclusão vem apresentando ao longo de sua história, e alguns dos principais conceitos e modelos de interpretação que ela desenvolveu, apoiando-se em diversos métodos, desde pesquisas empíricas até experiências em laboratório.

Paugam, sociólogo francês, responde à pergunta de Jodelet, desenvolvendo os conceitos de desqualificação social e de identidade negativa. Ele analisa a exclusão pela pobreza e encontrou nesses conceitos ajuda teórica para compreendê-la como fenômeno multidimensional, dinâmico e evolutivo, rejeitando o uso de critérios unicamente quantitativos. Uma de suas importantes conclusões é que o "descrédito atormenta os excluídos tanto quanto a fome".

Outra explicação é apresentada por Tereza Carreteiro, professora titular do Departamento de Psicologia da Universidade Federal Fluminense, que, inspirada em Sartre e na psicanálise, elege o projeto de vida e o ato de escolha para refletir a dialética entre exclusão/inclusão[1]. Sua análise demonstra a sutileza da desafiliação pelo controle e limitação social das escolhas oferecidas e aceitas por indivíduos em situação de exclusão. "Alguns aceitam o projeto-doença para ter legitimada sua cidadania e certa condição de sobrevivência e, assim, pas-

---

1. Na sua concepção, projeto de vida é o organizador da existência, do qual o homem não pode escapar. O caso brasileiro é exemplar dessa dramática situação, onde o conceito de apartação social torna-se cada vez mais concreto e visível.

sam a ser incluídos no sistema de seguridade, como pertencendo ao seu disfuncionamento".

Na mesma busca, Bader Sawaia, discorre sobre a importância da afetividade. Opta pelo conceito de sofrimento ético-político para incorporar a ética, a felicidade e o humano como critérios que se entrelaçam com o econômico e o político, na análise do processo de inclusão perversa. Mas faz um alerta sobre o perigo da ênfase na afetividade e na ética. A presença delas nas reflexões significa a desfetichização conceitual e a humanização das políticas públicas, mas trazem o perigo, sob a égide do neoliberalismo e do individualismo, da estatização subjetivista, que nega as instâncias coletivas e públicas de ação em favor da inclusão digna, reduzindo-a à interioridade e subjetividade. Na mesma perspectiva, no texto seguinte, reflete sobre identidade, outra "ideia força" da modernidade contemporânea, lembrando os perigos que ela oferece ao estudo da exclusão, pois, "ao mesmo tempo que traz a oportunidade de resistência à globalização e alimenta a luta pelo direito à diversidade, legitima novas formas de exclusão.

Sílvia Leser de Mello, psicóloga social, apresenta uma dramática análise da violência cometida contra jovens das camadas populares, na cidade de São Paulo, apontando que a impunidade que acoberta tais crimes é um fator a mais na sustentação da exclusão nas grandes metrópoles, com apoio da mídia, que cria e divulga estereótipos estigmatizadores dessa população.

Pedrinho Guareschi inicia seu estudo discutindo as razões históricas da prevalência da exclusão nos dias de hoje e mostra alguns pressupostos psicossociais altamente ideológicos que permitem sua legitimação e perpetuação, dando ênfase aos mecanismos de competitividade entre as pessoas e de sua culpabilização.

Vamos terminar ressaltando a intencionalidade latente em todos os textos do presente livro: orientar estratégias de ação para superar a escravização e a potência de padecer, nas famílias, nas políticas publicas e nas empresas, acreditando na possibilidade do sujeito agir para manter sua humanidade.

Temos a obrigação de ser otimistas e buscar caminhos para atingir a felicidade pública. Isto não significa embotar a autocrítica e a visão dos reais e profundos obstáculos, muitos impossíveis de serem superados. A exclusão é cruel e a visão do futuro é assustadora, como nunca foi. Não existem projeções convincentes de aumento geral da igualdade entre as pessoas. Ninguém, hoje, ousa prever que todas as crianças (dos Bálcãs, africanas ou brasileiras) terão igual acesso a bens materiais, à dignidade e à saúde.

Ser otimista é acreditar na potencialidade do sujeito de lutar contra esta condição social e humana, sem desconsiderar a determinação social. A utopia e a crença no sujeito da ação e na possibilidade de uma ordem social sem exclusão não remete a uma visão de *happy end* ou ao paradigma da redenção, comum nas ciências humanas tanto positivista quanto críticas, dos anos 60 a 80.

Todos os artigos são uma meditação sobre a imposição que a sociedade opera sobre o homem e de como se fundem o natural, o social e o psicológico, de forma que o papel de excluído engole o homem. Aquilo que, inicialmente, é um comportamento social, configurado no processo de inclusão do excluído, acaba por naturalizar-se. Mas a imposição não é absoluta, se a disciplinarização fosse imposta sem brechas não sobraria consciência e individualidade, os sujeitos não poderiam contar e avaliar suas transformações e seríamos todos iguais.

Todos os estudos reforçam a tese de que o excluído não está à margem da sociedade, mas repõe e sustenta a ordem social, sofrendo muito neste processo de inclusão social. Eles são unânimes em apontar as necessidade éticas e afetivas, em valorizar a diversidade de necessidades e sofrimentos e, consequentemente, em evitar o modelo único, uniformizante, nas reflexões teóricas e nas políticas públicas.

A abordagem complexa não nega a ordem social, ao contrário, orienta a reflexão sobre a mesma, mas não como sinônimo de uniformidade e monolitismo, mas como integração da diversidade, portanto, uma ordem social não cristalizada e em constante configuração e conexão entre pessoas diferentes, entre o eu e a alteridade. Uma "crioulidade" em processo.

Cabe às ciências humanas oferecer reflexões e pesquisas sobre as desigualdades sociais tais como as vividas por homens, determinados socialmente, mas com consciência e individualidade. Sua práxis deve ter a preocupação de resguardar o sujeito potente para todos as pessoas, atuando no subsolo humano da exclusão, sem desviar o olhar da análise estrutural e, assim, dourar a pílula, esquivando-se do julgamento político.

Esperamos que o presente livro possa colaborar com esta empreitada, sem euforia. Procuramos oferecer uma meditação profunda sobre o jogo interdisciplinar da passagem do social e político ao subjetivo e vice-versa, e alertar para os perigos deste olhar na neomodernidade, especialmente o perigo do relativismo e do individualismo, que negam instâncias coletivas e públicas de justiça e ética.

Deixamos ao leitor as articulações entre as diversidades e as similitudes, as oportunidades e os perigos, e desses com a crença na possibilidade da utopia social.

PRIMEIRA PARTE

REFLEXÕES ACERCA DO
CONCEITO DE EXCLUSÃO

REFLETINDO SOBRE A NOÇÃO DE EXCLUSÃO

Mariangela Belfiore Wanderley

Tema presente na mídia, no discurso político e nos planos e programas governamentais, a noção de exclusão social tornou-se familiar no cotidiano das mais diferentes sociedades. Não é apenas um fenômeno que atinge os países pobres. Ao contrário, ela sinaliza o destino excludente de parcelas majoritárias da população mundial, seja pelas restrições impostas pelas transformações do mundo do trabalho seja por situações decorrentes de modelos e estruturas econômicas que geram desigualdades absurdas de qualidade de vida.

Este artigo tem como objetivo apresentar as principais ideias sobre a noção de exclusão social presentes na literatura francesa dos anos 90, contrapondo-as e/ou complementando-as com reflexões extraídas da literatura brasileira, mostrando que, embora tão difundido, este é um tema relativamente recente e polêmico.

Mendigos, pedintes, vagabundos, marginais povoaram historicamente os espaços sociais, constituindo universos estigmatizados que atravessaram séculos. Porém, é mais precisamente a partir dos anos 90 que uma nova noção – a de exclusão – vai protagonizar o debate intelectual e político: *"se atualmente a maioria dos problemas sociais são apreendidos através desta noção, é preciso ver aí, ao mesmo tempo, o resultado da degradação do mercado de emprego, particularmente forte no início desta década, e também a evolução das representações e das categorias de análise"* (PAUGAM, 1996: 14).

Tem-se atribuído a René Lenoir a invenção dessa noção em 1974. Homem pragmático e sensível às questões sociais, cujas teses emanam do pensamento liberal e foram fortemente criticadas pela esquerda, teve, com sua obra, o mérito de suscitar o debate, alargando a reflexão em torno da concepção de exclusão, não mais como um fenômeno de ordem individual, mas social, cuja origem deveria ser buscada nos princípios mesmos do funcionamento das sociedades modernas. Dentre suas causas destacava o rápido e desordenado processo de urbanização, a inadaptação e uniformização do sistema escolar, o desenraizamento causado pela mobilidade profissional, as desigualdades de renda e de acesso aos serviços. Acrescenta, ainda, que não se trata de um fenômeno marginal referido unicamente à franja dos subproletários, mas de um processo em curso que atinge cada vez mais todas as camadas sociais.

A concepção de exclusão continua ainda fluida como categoria analítica, difusa, apesar dos estudos existentes, e provocadora de intensos debates. Alguns consideram a exclusão como um novo paradigma em construção, *"brutalmente dominante há alguns anos, enquanto que o da luta de classes e desigualdades dominou os debates políticos e a reflexão sociológica desde o fim da Segunda Guerra Mundial"* (SCHNAPPER, 1996: 23).

Muitas situações são descritas como de exclusão, que representam as mais variadas formas e sentidos advindos da relação inclusão/exclusão. Sob esse rótulo estão contidos inúmeros processos e categorias, uma série de manifestações que aparecem como fraturas e rupturas do vínculo social (pessoas idosas, deficientes, desadaptados sociais; minorias étnicas ou de cor; desempregados de longa duração, jovens impossibilitados de aceder ao mercado de trabalho etc.). A reflexão de Julien Freund, no Prefácio da obra de Martine Xiberras (1993), denota uma certa saturação da utilização indiscriminada dessa noção:

> *"a noção de exclusão está tendo o destino da maior parte dos termos consagrados atualmente pela mediocridade das modas intelectuais e universitárias. Alguns consideram que está saturada de sentido, de 'non-sens' e de contrassenso [...]. A leitura da imprensa é particularmente instrutiva desse ponto de vista, pois ela é mais do que o espelho de nossa sociedade".*

Assim, mesmo os estudiosos da questão concluem que, do ponto de vista epistemológico, o fenômeno da exclusão é tão vasto que é quase impossível delimitá-lo. Fazendo um recorte "ocidental" poder-se-ia dizer que *"excluídos são todos aqueles que são rejeitados de nossos mercados materiais ou simbólicos, de nossos valores"* (XIBERRAS, 1993: 21). Na verdade, existem valores e representações do mundo que acabam por excluir as pessoas. Os excluídos não são simplesmente rejeitados física, geográfica ou materialmente, não apenas do mercado e de suas trocas, mas, de todas as riquezas espirituais, seus valores não são reconhecidos, ou seja, há também uma exclusão cultural.

Do ponto de vista da situação global internacional, observa-se o esgotamento de duas figuras emblemáticas da evolução do século XX: se o socialismo morreu, como querem muitos, o Estado-providência está em estado prolongado de crise. Nos anos 80, assistimos ao declínio dos *Welfare States*. Como bem diz Rosanvallon em seu último livro *A nova idade das desigualdades,* é necessário que se renovem as análises, pois, com o desenvolvimento da mundialização, novas relações entre economia, política e sociedade estão sendo estabelecidas. Vivemos ao mesmo tempo o esgotamento de um modelo e o fim de uma forma de inteligibilidade do mundo. A chamada "invenção do social", que constituiu a grande "virada" do séc. XIX, parecia ter se consolidado, neste século, através da construção de sistemas de proteção social. Estes, porém, se encontram abalados pela internacionalização da economia e pela crise do Estado-providência, representada pela crise da solidariedade e do vínculo social, ampliada pela transformação das relações entre economia e sociedade (a crise do trabalho) e dos modos de constituição das identidades individuais e coletivas (a crise do sujeito) (ROSANVALLON, 1996: 7ss.).

Observa-se, pois, uma espécie de impotência do Estado-Nação no controle das conjunturas nacionais. Os problemas sociais se acumulam, justapondo, no seio das sociedades, categorias sociais com renda elevada ou relativamente elevada ao lado de categorias sociais excluídas do mercado e por vezes da sociedade.

Ao se tratar concretamente do tema da exclusão é necessário precisar o espaço de referência que provoca a rejeição (categoria fundamental). Qualquer estudo sobre a exclusão deve ser contextualizado no espaço e tempo ao qual o fenômeno se refere.

Assim, se considerarmos como espaço de análise da exclusão os países ditos de primeiro mundo, necessariamente se tem que tomar esse acirramento da crise do Estado-providência[1], nos anos 80, as transformações em curso no mundo do trabalho – que estão na origem da crise da sociedade salarial, com a emergência do desemprego e da preca-

---

1. O caso brasileiro é exemplar dessa dramática situação, onde o conceito de apartação social torna-se cada vez mais concreto e visível.

rização das relações de trabalho –, como problemas centrais dessas sociedades. Surge, então, um novo conceito de precariedade e de pobreza, o de nova pobreza, para designar os desempregados de longa duração que vão sendo expulsos do mercado produtivo e os jovens que não conseguem nele entrar, impedidos do acesso ao "primeiro emprego". Ou seja, são camadas da população consideradas aptas ao trabalho e adaptadas à sociedade moderna, porém vitimas da conjuntura econômica e da crise de emprego. Assim, os excluídos na terminologia dos anos 90 não são residuais nem temporários, mas contingentes populacionais crescentes que não encontram lugar no mercado.

"No campo internacional, a passagem do predomínio do termo pobreza para exclusão significou, em grande parte, o fim da ilusão de que as desigualdades sociais eram temporárias... A exclusão emerge, assim, no campo internacional, como um sinal de que as tendências do desenvolvimento econômico se converteram. Agora – e significativamente – no momento em que o neoliberalismo se torna vitorioso por toda parte, as desigualdades aumentam e parecem permanecer" (NASCIMENTO, 1995: 24).

Embora possamos aplicar esta mesma grade de análise para países como o Brasil, que está inserido, ainda que com características específicas, na ciranda da globalização, é necessário ressaltar que coexistem em nosso país diferentes causas de pobreza e de exclusão social. A matriz escravista brasileira, além de perpassar nosso passado, está presente no cotidiano de nossa sociedade, em manifestações as mais variadas. As noções de pobre e pobreza figuram no horizonte histórico da sociedade brasileira e são explicativas das formas como o cenário público brasileiro tratou a questão social. Conforme bem demonstra Vera Telles (1996: 6), *"tema do debate público e alvo privilegiado do discurso político, a pobreza sempre foi notada, registrada e documentada. Poder-se-ia dizer que, tal como uma sombra, a pobreza acompanha a história brasileira, compondo o elenco de problemas, impasses e também virtualidades de um país que fez e ainda faz do progresso (hoje formulado em termos de uma suposta modernização) um projeto nacional".

Do ponto de vista da utilização pelos cientistas sociais brasileiros de termos para designar esses fenômenos de iniquidades e desigualdades sociais, verifica-se que a noção de exclusão social aparece na segunda metade dos anos 80, em trabalhos de Hélio Jaguaribe e também na mídia e em trabalhos acadêmicos, acompanhando o movimento internacional.

Trabalhos contemporâneos reforçam a importância crescente do aprofundamento dessa noção. Pesquisa recentemente publicada, organizada pela Profª Aldaíza Sposatti (1996), retrata a situação de exclusão na cidade de São Paulo, e reforça o caráter estrutural desse fenômeno:

"A desigualdade social, econômica e política na sociedade brasileira chegou a tal grau que se torna incompatível com a democratização da sociedade. Por decorrência, tem se falado na existência da apartação social. No Brasil a discriminação é econômica, cultural e política, além de étnica. Este processo deve ser entendido como exclusão, isto é, uma impossibilidade de poder partilhar o que leva à vivência da privação, da recusa, do abandono e da expulsão inclusive, com violência, de um conjunto significativo da população, por isso, uma exclusão social e não pessoal. Não se trata de um processo individual, embora atinja pessoas, mas de uma lógica que está presente nas várias formas de relações econômicas, sociais, culturais e políticas da sociedade brasileira. Esta situação de privação coletiva é que se está entendendo por exclusão social. Ela inclui pobreza, discriminação, subalternidade, não equidade, não acessibilidade, não representação pública".

É preciso ressaltar, no entanto, que pobreza e exclusão não podem ser tomadas simplesmente como sinônimos de um mesmo fenômeno, porém estão articuladas conforme buscaremos demonstrar nas análises que se seguem.

Tomando como fonte inicialmente autores franceses contemporâneos, destacaremos alguns conceitos que compõem esse universo. Conceitos que emergem de diferentes matrizes psicológicas e sociológicas:

a) A desqualificação: processo relacionado a fracassos e sucessos da integração, a partir da obra de Paugam, o qual considera a pobreza como sendo, de uma parte, *"produto de uma construção social,* e, de outra, *"problema de integração normativa e funcional"* de indivíduos, que passa essencialmente pelo emprego. A desqualificação social aparece como o inverso da integração social. O Estado é então convocado a criar políticas indispensáveis à regulação do vínculo social, como garantia da coesão social (PAUGAM, 1991, 1993).

b) A *"desinserção"*: trabalhada por Gaujelac e Leonetti (1994) como algo que questiona a própria existência das pessoas enquanto indivíduos sociais, como um processo que é o inverso da integração. Não há uma relação imediata entre desinserção e situações sociais desfavoráveis, logo, não há relação imediata entre desinserção e pobreza. Estes autores buscam demonstrar o papel essencial da dimensão simbólica nos fenômenos de exclusão. Eles analisam os acontecimentos objetivos na esfera do emprego e do vínculo social, mas ressaltam os fatores de ordem simbólica, pois *"é o sistema de valores de uma sociedade que define os "fora de norma " como não tendo valor ou utilidade social", o que conduz a tomar a desinserção como fenômeno identitário na "articulação de elementos objetivos e elementos subjetivos".*

c) A *"desafiliação"*[2]: analisando as metamorfoses da questão social Robert Castel cunha este conceito, significando uma ruptura de pertencimento, de vínculo societal. *"Efetivamente, desafiliado é aquele cuja trajetória é feita de uma série de rupturas com relação a estados de equilíbrio anteriores, mais ou menos estáveis, ou instáveis".* Estão aqui consideradas as populações com insuficiência de recursos materiais e também aquelas fragilizadas pela instabilidade do tecido relacional, não somente em vias de pauperização, mas de desafiliação, ou seja, perda de vínculo societal... *"O que chamei de desafiliação não é o equivalente necessariamente a uma ausência completa de vínculos, mas a ausência de inscrição do sujeito em estruturas que têm um sentido"* (CASTEL, 1995: 416).

Castel é um crítico da concepção de exclusão. Desconfia da exclusão tanto pela heterogeneidade de usos que o conceito permite quanto pelo perigo que representa na autonomização de situações que só têm sentido quando colocadas dentro de um processo. Ao se buscar conhecer os *estados de despossuir,* são elaboradas análises setoriais, descontínuas e deslocadas dos processos mais abrangentes da sociedade atual, e consequentemente são construídas políticas que não consideram a relação entre a lógica econômica e a coesão social anteriores às situações de ruptura representadas pela exclusão. Um pouco mais de rigor se impõe, portanto, ao uso da noção de exclusão, uma vez que parte das situações classificadas como tal, resultam das vulnerabilidades decorrentes das transformações que se operam no

---

2. A expressão *desaffiliation é* um neologismo na língua francesa. O termo vem sendo traduzido por desfiliação e/ou desafiliação, termos também inexistentes na língua portuguesa.

mundo do trabalho, degradando as relações de trabalho e os sistemas de proteções correlatos, ou seja, da situação de crise da sociedade salarial.

Pode-se, assim, falar com mais propriedade de noções como vulnerabilização, precarização, marginalização, procedendo-se a uma distinção cuidadosa dos processos de exclusão daqueles outros componentes constituintes da questão social contemporânea, na sua globalidade.

Ainda dentro desse universo conceituai, vale destacar, aqui, uma outra noção própria da literatura brasileira:

d) A *apartação social*: proposta por Cristóvão Buarque (1993) designa um processo pelo qual denomina-se o outro como um ser "à parte", (apartar é um termo utilizado para separar o gado), ou seja, o fenômeno de separar o outro, não apenas como um desigual, mas como um "não semelhante", um ser expulso não somente dos meios de consumo, dos bens, serviços, etc. mas do gênero humano. É uma forma contundente de intolerância social (NASCIMENTO, 1995: 25).

Embora não se constituindo em sinônimos de uma mesma situação de ruptura, de carência, de precariedade, pode-se afirmar que toda situação de pobreza leva a formas de ruptura do vínculo social e representa, na maioria das vezes, um acúmulo de déficit e precariedades. No entanto, a pobreza não significa necessariamente exclusão, ainda que possa a ela conduzir.

A pobreza contemporânea tem sido percebida como um fenômeno multidimensional atingindo tanto os clássicos pobres (indigentes, subnutridos, analfabetos...) quanto outros segmentos da população pauperizados pela precária inserção no mercado de trabalho (migrantes discriminados, por exemplo). Não é resultante apenas da ausência de renda; incluem-se aí outros fatores como o precário acesso aos serviços públicos e, especialmente, a ausência de poder. Nesta direção, o novo conceito de pobreza se associa ao de exclusão, vinculando-se às desigualdades existentes e especialmente à *privação de poder de ação e representação e, nesse* sentido, exclusão social tem que ser pensada também a partir da questão da democracia.

Na perspetiva de que o vínculo dominante de inserção na sociedade moderna continua a ser a integração pelo trabalho, a transformação produtiva adquire preponderância nas trajetórias de exclusão social. No entanto, a exclusão social, como já temos afirmado, é um fenômeno multidimensional que superpõe uma multiplicidade de trajetórias de desvinculação.

Estas trajetórias de desvinculação podem percorrer diversos âmbitos. Castel reflete a partir dos eixos integração/não integração do mundo do trabalho e do mundo das relações sociais. A precariedade e instabilidade dos vínculos do mundo de trabalho formal produzem contingentes populacionais desnecessários. No mundo das relações sociais a fragilização dos vínculos (família, vizinhança, comunidade, instituições) pode produzir rupturas que conduzem ao isolamento social e à solidão.

Após ressaltar diferentes formas e expressões do fenômeno parece importante destacar que este tende a ser reproduzido através de mecanismos que o reforçam e o expandem. Estes mecanismos podem ser observados nos diferentes níveis da sociedade, ao ponto de que alguns deles que antes eram pensados como de desigualdade, hoje se misturam com a exclusão.

A naturalização do fenômeno da exclusão e o papel do estigma servem para explicitar, especificamente no caso da sociedade brasileira, a natureza da incidência dos mecanismos que promovem o ciclo de reprodução da exclusão, representado pela aceitação tanto ao nível social, como do próprio excluído, expressa em afirmações como "isso é assim e não há nada para fazer". Por outro lado, revela também uma fragilização do vínculo societal. Tanto a atmosfera social de conformismo como a compreensão da condição da exclusão social como fatalidade são reveladoras de processos nos quais os vínculos sociais estão no mínimo fragilizados (ESCOREL, 1995).

Este caráter natural do fenômeno vem contribuir com o denominado ciclo de exclusão, no sentido de reforçá-lo e reproduzi-lo. O estigma que é definido como cicatriz, como aquilo que marca, denota claramente o processo de qualificação e desqualificação do indivíduo na lógica da exclusão. Nesta direção Vera Telles (1990) afirma que "a estigmatização da pobreza funciona através da lógica que faz os direitos serem transformados em ajuda, em favores"

A transmutação do "direito" em "favor" reforça o processo de exclusão: "A cultura da tutela e do apadrinhamento, tão enraizada no cenário brasileiro, nada mais é que a ratificação da exclusão e da subalternização dos chamados beneficiários das políticas públicas. Por mais *que discursemos sobre o 'direito', na prática, os serviços das diversas políticas públicas, ainda se apresentam aos excluídos e subordinados como um 'favor' das elites dominantes"* (CARVALHO, 1995).

À guisa de conclusão

Mundialização e transformações produtivas são processos que, sem dúvida, têm pontos positivos: as distâncias se reduziram, são "virtuais", não há mais barreiras físicas para a informação, o conhecimento, o intercâmbio cultural; os avanços tecnológicos possibilitaram desvendar enigmas seculares nas variadas áreas da vida humana e social, a democracia atingiu a quase maioria dos países e é requisito de legitimidade internacional, etc. Mas, são os efeitos perversos desses processos que estão na mira de nossas reflexões, neste momento, e em cuja tessitura a exclusão está emaranhada.

Parece, assim, não haver dúvida de que a exclusão pode ser tomada em nossas sociedades contemporâneas como uma nova manifestação da questão social.

A exclusão contemporânea é diferente das formas existentes anteriormente de discriminação ou mesmo de segregação, uma vez que tende a criar, internacionalmente, indivíduos inteiramente desnecessários ao universo produtivo, para os quais parece não haver mais possibilidades de inserção. Poder-se-ia dizer que os novos excluídos são seres descartáveis. *"Os desdobramentos dessa exclusão atingem a quase totalidade da vida social, visíveis na gestão do território, nas formas de difusão culturais e nos problemas educacionais".* (FONTES, 1995: 29).

No caso do Brasil, consideradas as particularidades socioeconômicas, ideopolíticas e culturais, poder-se-ia dizer que estão sendo forjados, entre nós, personagens que são incômodos politicamente (a eles são atribuídos os males de nossa política, os "descamisados de Collor", por exemplo); ameaçadores socialmente (são perigosos, pois não são simplesmente pobres, mas bandidos potenciais – a representação do pobre está se modificando entre nós: a sua identidade está cada vez mais relacionada à do bandido marginal) e desnecessários economicamente (uma massa crescente de pessoas que não têm mais possibilidade de obter emprego, pois são despreparados). (NASCIMENTO, 1995: 26-27).

Assim, pobreza e exclusão no Brasil são faces de uma mesma moeda. As altas taxas de concentração de renda e de desigualdade – persistentes em nosso país – convivem com os efeitos perversos do fenômeno do desemprego estrutural. Se, de um lado, cresce cada vez mais a distância entre os "excluídos" e os "incluídos", de outro, essa distância nunca foi tão pequena, uma vez que os incluídos estão ameaçados de perder direitos adquiridos. O Estado de Bem-Estar (que no Brasil já foi muito bem apelidado de Estado de Mal-Estar) não tem mais condições de assegurar esses direitos. Acresça-se a isso tudo a tendência política neoliberal de diminuição da ação social do Estado.

A consolidação do processo de democratização, em nosso país, terá que passar necessariamente pela desnaturalização das formas com que são encaradas as práticas discriminatórias e, portanto, geradoras de processos de exclusão.

A perspectiva de trabalho de combate à exclusão tem, ainda, que prover níveis de proteção que garantam o exercício da cidadania, possibilitando a autonomia da vida dos cidadãos. Neste sentido, romper a relação entre a subordinação, a discriminação e a subalternidade, brutais em nosso pais, é um dos muitos desafios colocados.

Referências bibliográficas

BUARQUE, Cristóvão (1993). A revolução das prioridades. Instituto de Estudos Econômicos (Inesc).

CARVALHO, Maria do Carmo Brant de (1995). "Controle Social na assistência Social". Palestra proferida na 1ª Conferência Nacional de Assistência Social. Brasília.

DE GAUJELAC, Vincent & LEONETTI, Isabel Taboada (1994). *La lutte de places*. Marseille, ÉPI "Hommes et perspectives" et Paris, Desclée de Brouwer.

ESCOREL, Sarah (1995). *Exclusão no Brasil contemporâneo:* Anpocs. Caxambu.

FONTES, Virgínia (1995). *Apontamentos para pensar as formas de exclusão.* Proposta, (65), junho. Rio de Janeiro: Fase.

LENOIR, René (1974). *Les Exclus.* Paris: Le Seuil.

NASCIMENTO, Elimar Pinheiro (1995). *Modernidade ética*: um desafio para vencer a lógica perversa da nova exclusão. Proposta, (65), junho. Rio de Janeiro: Fase.

PAUGMAN, S. (1996). (dir.). *L'exclusion l'état de savoir*. Paris: La découverte.

ROSANVALLON, Pierre (1995). *La nouvelle question social. Repenser l'État-providence*. Paris: Seuil. [Na literatura brasileira destacamos, dentre outros, FLEURY Sonia, *Estado sem cidadãos*. Rio de Janeiro: Fiocruz, 1994].

SCHNAPPER, Dominique (s.d.) *Intégration et exclusion dans les sociétés modernes*. In: PAUGAM.

SERGE (s.d.) (dir.). *L'exclusion l'état du savoir*. Paris: La découverte.

SPOSATTI, Aldaiza (1996). *Mapa da Exclusão/Inclusão na cidade de São Paulo*. São Paulo: Educ.

TELLES, Vera (1996). *Pobreza e cidadania*: duas categorias antinômicas. Mínimos de cidadania: ações afirmativas de enfrentamento da exclusão social. Cadernos do Núcleo de Seguridade e Assistência Social (4), PUC-SP.

_____ (1990). A pobreza como condição de vida: família, trabalho e direitos entre as classes trabalhadoras urbanas. *São Paulo em Perspectiva* 4 (2): 37-45.

XIBERRAS, Martine (1993). *Les théories de l'exclusion*. Paris: Méridiens Klincksieck.

EXCLUSÃO SOCIAL – UM PROBLEMA BRASILEIRO DE 500 ANOS
Notas preliminares

Maura Pardini Bicudo Veras

O tema da exclusão social não é novo no Brasil. Embora se possa falar hoje da "nova pobreza", de novos processos sociais contemporâneos e se faça sentir entre nós a influência dos debates europeu e americano sobre o assunto, nossa história traz capítulos frequentes de dominação de vastos segmentos populacionais sem cidadania. Como diz José de Souza Martins (1993) nossa cultura barroca de fachada, com base na conquista, exclui índios, camponeses no campo e, na cidade, migrantes, favelados, encortiçados, sem teto etc., em uma fenomenologia bastante conhecida.

Desde os tempos coloniais, portanto, ao Brasil do Império, ao das Repúblicas – velha, nova e contemporânea – e agravado durante a ditadura militar, processos sociais excludentes estão presentes em nossa história.

O debate sobre o conceito de exclusão social, contudo, vem ganhando novos contornos na etapa contemporânea em que o dito pensamento sociológico europeu e mesmo o norte-americano passam a conhecer mais de perto processos já familiares à realidade latino-americana e, mais particularmente, à brasileira. O tema nos faz lembrar, pelas controvérsias que suscita, a frase conhecida: *No creo en brujas, pero que las hay, las hay.*

O termo exclusão acabou por ser algo duplamente interpretado. De um lado, conceito tão amplo, espécie de palavra-mãe (conceito horizonte) que abriga vários significados para reunir pessoas e grupos que são abandonados, desafiliados (Castel), deixados de lado, desqualificados (Paugam) quer do mercado de trabalho, quer das políticas sociais etc. De outro ângulo, é um conceito equivocado, atrasado, desnecessário.

Procuraremos, aqui, situar o debate no Brasil, com breves sínteses das posições atuais dos principais autores que pensaram o assunto entre nós, acompanhadas de uma compilação para apresentar o estado da arte do principal da discussão internacional.

Já é inequívoco que os processos de globalização em curso afetaram sensivelmente a todos os países, em especial o quadro social daqueles do chamado terceiro mundo. No Brasil, particularmente, a urbanização capitalista vem provocando uma esteira de problemas sociais bastante conhecidos. As discussões em torno do conceito de marginalidade social nos anos 60 e 70 são hoje retomadas, acrescidas de novos componentes. Antes vista como pobreza, uma consequência do massivo êxodo rural para as cidades do sudeste, refletia como efeito das migrações internas que esvaziavam o campo da região nordeste, do norte, e "incharam" as cidades como Rio de Janeiro e São Paulo. Entendia-se, à época, que os problemas urbanos de moradia (favelas), mendicância, delinquência etc. poderiam ter suas raízes nesses processos migratórios. Na relação com a questão urbana, como os estudiosos da escola de Chicago (PARK, BURGESS, MCKENZIE, 1948; WIRTH, 1939), muitos entendiam que os processos de pobreza na cidade tinham a ver com desorganização transitória, pois, em uma analogia com processos metabólicos dos organismos vivos, novos membros, em esforço de adaptação, invasão e sucessão, iriam progressivamente assimilar-se ao cenário urbano.

Como se estivéssemos em uma arena naturalizada, onde competidores teriam as mesmas chances na luta pelo espaço, os mais aptos ganhariam melhores posições nesse ambiente construído e disso resultariam zonas segregadas, como os círculos concêntricos de Burgess, os mais pobres excluir-se-iam de um dos anéis urbanos e imediatamente passariam para o próximo e, gradativamente, os melhores lugares estariam ocupados pelos "vencedores". Zonas de desorganização moral, zonas de habitação operária, processos de desadaptação de novos habitantes, todos enfeixados nessa explicação que inspirou óticas funcionalistas e que foram muito questionadas.

Outros circunscreveram o fenômeno da pobreza urbana como um recorte específico, uma vida própria, com cultura característica e diversa da sociedade abrangente. É o caso da Cultura da Pobreza, de Oscar Lewis, descrevendo famílias, seu estilo de vida e valores próprios, como diferentes. As lutas pelo mercado de trabalho, renda, acesso a bens e serviços seriam definidoras desses contingentes "ainda não adaptados" à vida urbana.

Partindo de outra ótica, as décadas de 60 e 70 apresentam também outro debate, no Brasil, enraizando a pobreza (e a exclusão subjacente) às contradições do modo de produção capitalista. Fazendo parte de um exército industrial de reserva, pessoas se deslocam do campo esvaziado e buscam melhores condições de vida na cidade. Não são marginais, mas integram as engrenagens produtivas de forma desigual.

Os numerosos estudos sobre as favelas em São Paulo, por exemplo, ilustram essas abordagens, pois alguns estudos baseiam-se nas abordagens funcionalistas; outros procuraram situar a questão do ângulo da economia, da falta de oportunidades de emprego, das baixas qualificação profissional e escolaridade desses ex-camponeses que, por outro lado, moravam precariamente por não contarem com poder aquisitivo que os capacitasse a adquirir moradias do mercado formal, nem mesmo a subsidiada em tempos do BNH (e sua exígua oferta). Nesse contexto, os trabalhos de Lúcio Kowarick (1975) são esclarecedores, bem como os de outros sociólogos e economistas, enlaçando a pobreza urbana nos quadros da industrialização dependente.

Após o período nacional desenvolvimentista, em plena etapa do chamado "milagre econômico", os militares e setores conservadores propuseram falsas "soluções" para as questões sociais, desde as propostas habitacionais para os setores populares (via Sistema Financeiro de Habitação – Banco Nacional de Habitação e sua seletividade) até o controle da vida sindical dos trabalhadores, arrocho salarial como combate à inflação, a falta de liberdade política de expressão e organização e assim por diante. Alguns dos intelectuais brasileiros, assumindo o preconceito contra as "classes perigosas", viam os pobres como "populações marginais" ou atrasadas, que poderiam integrar-se ao novo mundo urbano e moderno. As teorias de "modernização", assim, fizeram sentir sua influência e muitas vezes foram acopladas às do "subdesenvolvimento" ou da industrialização dependente.

Sem pretender aqui explorar as várias concepções de marginalidade[1] que vigoravam nos anos 70, é necessário, contudo, apontar refe-

---

1. O termo parece ter sido usado pela primeira vez por R. Park (*Human migration and the marginal man,* 1928), fiel aos princípios da Escola de Chicago, já esboçados nesta introdução. Entre outros, verificar CARDOSO, F.H. et al. *Sobre teoria e método em sociologia.* São Paulo: Cebrap, 1971, em esp. Comentários sobre os conceitos de superpopulação relativa e marginalidade; PEREIRA, Luiz. *Estudos sobre o Brasil contemporâneo.* São Paulo: Livraria Pioneira Editora, 1971, em esp. Populações marginais; PAOLI, Maria Célia. *Desenvolvimento e marginalidade.* São Paulo: Livraria Pioneira Editora, 1974.

rências significativas. Não assumindo o dualismo[2] "atrasado x moderno", não integrado x integrado, rural x urbano, os estudos, então, passaram a ver as relações econômicas e sociológicas inerentes ao capitalismo como constitutivas do sistema produtivo. As populações marginais aparecem, nesse contexto, como consequência da acumulação capitalista, um exército industrial de reserva singular.

Os estudos de L. Kowarick (1975, 1979) voltam-se aos contingentes espoliados na cidade capitalista (favelados em especial) como despojados dos direitos mínimos de vida digna, sem cidadania, excluídos dos benefícios urbanos.

Cabe destaque, no panorama dos anos 70, ainda, aos trabalhos de Manuel T. Berlinck, Marialice M. Forachi, o volume organizado por Cândido Procópio F. Camargo e finalmente Janice Perlman e Ermínia Maricato (1977).

Berlinck analisa as condições de vida dos segmentos pobres dos trabalhadores em São Paulo, sua sociabilidade e múltiplas formas de sobrevivência e resistência. Entre as prioridades, então, constavam a busca de moradia, legalização de documentação, emprego e alimentação.

Nota-se no período, pois, a grande concentração de estudos sobre a questão da moradia – favelas – quer no Rio de Janeiro quer em São Paulo. É nessa década que surgem os primeiros estudos sobre favelas em São Paulo (o primeiro cadastro municipal ocorre em 1973)[3], como se elas fossem sintomas inequívocos dessa "exclusão" urbana.

Os trabalhos de Marialice Foracchi, falecida em 1972, voltavam-se aos temas da juventude, da participação política estudantil e aos temas educacionais, de maneira geral. Trata, pois, do debate entre participação/exclusão e pesquisa aspectos ligados ao desemprego, su-

---

2. Cf. OLIVEIRA, Francisco de. *A economia brasileira:* crítica à razão dualista (1981), em que critica teses cepalinas, procurando reverter análises brasileiras centradas na descrição do "subdesenvolvimento" e que atribuíram nossos males sociais à existência de "2 brasis". Destaca a importância de F.H. Cardoso e Enzo Faletto. *Dependência e desenvolvimento na América Latina* (1970). Também José Nun, Anibal Quijano, Luiz Pereira são referências nesse sentido.

3. No Rio de Janeiro, Lícia Valladares é referência no estudo das favelas e das políticas habitacionais. *Passa-se uma casa* (1978). Como organizadora e pela Zahar do Rio de Janeiro, Valladares publicou ainda: *Habitação em questão* (1980) e *Repensando a habitação no Brasil* (1983). Em São Paulo, Relatório *Favelas no Município de São Paulo*. São Paulo: Sebes, redação final de Maura Veras, 1975, Série Cadernos Especiais n. 1. • TASCHNER, Suzana P. *20 anos de habitação popular.* Cadernos 23 – LAP/Fauusp, 1998. • BLAY, Eva (org.). *A luta pelo espaço.* São Paulo: Brasiliense, 1977. • HOGAN, Daniel. (org.). *Cidade* – usos e abusos. São Paulo: Brasiliense, 1978. • MARICATO, Ermínia (org.). *A produção capitalista da casa e da cidade.* São Paulo: Alfa e Ômega, 1979.

bemprego e àqueles que não participam criativamente da produção. Usa como critério a participação no mercado de trabalho e o sistema de carências.

Foi referência marcante à época o trabalho de equipe para a *Comissão Justiça e Paz* da Arquidiocese de São Paulo, pois, em plena ditadura militar, expunha-se a situação da pobreza em São Paulo. Em especial, os trabalhos de Lúcio Kowarick e Paul Singer se dirigem à caracterização das "populações" pauperizadas no caos urbano (ver KOWARICK, 1979).

A publicação de *O mito da marginalidade* (PERLMAN, 1978) foi decisiva para a reconceituação do tema da marginalidade e da participação, explicitando que a visão funcionalista não captava os vínculos estruturais da economia e da sociedade dependentes da América Latina. Aparece, assim, a marginalidade como consequência de um modelo de desenvolvimento (e subdesenvolvimento) e que *[...] tem como característica básica a exclusão de vastos setores da população de seu aparato produtivo principal (PERLAN*, 1997).

Ermínia Maricato mostra a dificuldade na conquista da cidadania pelo morador da cidade de São Paulo, dando destaque às questões espaciais como a produção da casa (a autoconstrução), o uso do solo na cidade capitalista (P. Singer), a renda da terra. Nesse sentido, chama a atenção para as formas de viver das camadas "excluídas", espoliadas dos benefícios urbanos.

Nos anos 80, na chamada "década perdida", ao contrário dos anos 60 e 70, quando se chamava a atenção para os favelados e para a migração como figura emblemática dos "excluídos" na cidade, pelo aumento da pobreza e da recessão econômica, ao mesmo tempo em que se vivia a chamada "transição democrática", chama-se a atenção para a questão da democracia, da segregação urbana (efeitos perversos da legislação urbanística), a importância do território para a cidadania, a falência das ditas políticas sociais, os movimentos sociais, as lutas sociais. Em especial, discute-se a questão espacial, o território, a cidadania. Continuam os estudos sobre a questão habitacional (em São Paulo, a crise do BHN, favelas, loteamentos clandestinos e cortiços) e a "exclusão" política da vida sindical dos trabalhadores, da vida civil[4].

---

4. Entre muitos autores, COVRE, M. de Lourdes M. (org.). *A cidadania que não temos.* São Paulo: Brasiliense, 1986, em que participo, juntamente com Nabil Bonduki, tratando da questão habitacional, as políticas oficiais e as lutas pelo direito à moradia.

Sem querer pretender expor aqui a vasta produção dessa década, citam-se algumas principais referências nos autores Milton Santos, Lúcio Kowarick, Pedro Jacobi, José Álvaro Moisés, Francisco de Oliveira, Eva Blay, Lícia Valladares, Alba Zaluar, Ermínia Maricato, Raquel Rolnik, Paul Singer (1980) e outros. Deve-se fazer referência também a Michelle Perrot, cujo livro – *Os excluídos da história:* operários, mulheres e prisioneiros – foi traduzido por D. Bottman para a Paz e Terra em 1988.

Entre a vastíssima obra de Milton Santos, versando sobre muitos temas correlatos, a urbanização (a especificidade do fenômeno urbano em países subdesenvolvidos), as relações entre espaço e sociedade, a divisão do mundo, em especial destacamos as reflexões sobre espaço e cidadania (SANTOS, 1987). Pretendendo contribuir para a redemocratização brasileira, o Autor chama a atenção para o peso do "lugar", do território (intraurbano, sobretudo) e, desse ângulo, a questão da cidadania.

O componente territorial implica não só que seus habitantes devam ter acesso aos bens e serviços indispensáveis, mas que haja uma adequada gestão deles, assegurando tais benefícios à coletividade. Aponta que o Terceiro Mundo tem "não cidadãos" (particularmente o "milagre econômico brasileiro" agravou os contrastes entre massa de pobres e a concentração de riqueza), porque se funda na sociedade do consumo, da mercantilização e na monetarização. Em lugar do cidadão, surge o consumidor insatisfeito, em alienação, em cidadania mutilada (SANTOS, 1987). *Cada homem vale pelo lugar onde está. O seu valor como produtor, consumidor, cidadão depende de sua localização no território [...] A possibilidade de ser mais ou menos cidadão depende, em larga proporção, do ponto do território onde se está* (SANTOS, 1987: 81).

Esse componente espacial da pobreza, pois, resolver-se-ia pelo direito à mobilidade e a acessibilidade seria condição de cidadania.

> *Há em todas as cidades, uma parcela da população que não dispõe de condições para se transferir da casa onde mora, isto é, para mudar de bairro e que pode ver explicada a sua pobreza pelo fato de o bairro de sua residência não contar com serviços públicos* (SANTOS, 1987: 85). *As condições existentes nesta ou naquela região determinam essa desigualdade no valor de cada pessoa, tais distorções contribuindo para que o homem passe literalmente a valer em função do lugar onde vive. Essas distorções devem ser corrigidas em nome da cidadania* (SANTOS, 1987: 112).

É curioso que a cidadania, por outro lado, é também o direito de permanecer no lugar, no seu território identitário, o direito a seu espaço de memória. O capitalismo predatório e as políticas urbanas que privilegiam interesses privados e o sistema de circulação acabaram, muitas vezes, por descaracterizar bairros, expulsar moradores como favelados (remoção por obra pública, reintegração de posse), encortiçados (despejos, remoção, demolições), moradores de loteamento irregulares, sem teto, num nomadismo sem direito às raízes (VERAS, 1987).

Pedro Jacobi desenvolve seus trabalhos sobre a questão dos movimentos sociais urbanos e as carências de habitação, equipamentos de saúde, escola, lazer, enfim, dos serviços urbanos. Assim, a exclusão aparece como não acesso aos benefícios da urbanização (JACOBI, 1982). Mostrando a situação de periferização das classes populares, a segregação, como frutos da urbanização espoliativa, e onde a *tônica dominante é a exclusão de grande parcela da população dos benefícios urbanos* (JACOBI, 1982: 53). Nesse sentido, favelas, cortiços e loteamentos clandestinos aparecem como testemunhas da dinâmica excludente na cidade de São Paulo (KOWARICK, 1985) e provocam mobilizações populares, lutas sociais.

Também Lúcio Kowarick (1985) prossegue na produção de conhecimento sobre as diferentes formas excludentes da questão urbana. Sua tese de livre-docência aborda a contribuição das categorias de trabalhadores – escravos, párias e proletários (KOWARICK, 1983) – e, em outra obra, analisa sobretudo as lutas sociais que ocorrem na cidade (KOWARICK, 1988). Neste caso, o interesse vai para os processos de redemocratização da sociedade, focando várias experiências, diversas construções de identidade dos grupos populares ao se mobilizarem, reivindicando sua cidadania. Situando São Paulo como metrópole do subdesenvolvimento industrializado, vão percorrendo, na história da cidade, as crises de moradia, as periferias, as greves, o espaço político do sindicato e os movimentos de reivindicação urbana.

Por outro lado, a pesquisa sobre a população de rua se inicia no final da década de 80 e irá acrescentar novos elementos ao debate que se desenvolve na última década do século.

Os anos 90

Já no final do milênio, um artigo que fala do debate sobre exclusão social urbana na Comunidade Europeia, de autoria de um professor inglês, realiza um balanço sobre os diferentes usos (e abusos) do termo e adota a perspectiva de uma regeneração das cidades europeias pelo papel da participação comunitária.

Resgatando o debate na Comissão Europeia no destaque dos anos 80 e 90, Atkinson atribui à influência francesa o tom da discussão: O conceito de exclusão social é dinâmico, referindo-se tanto a processos quanto a situações consequentes [...] Mais claramente que o conceito de pobreza, compreendido muito frequentemente como referindo-se exclusivamente à renda, ele também estabelece a natureza multidimensional dos mecanismos através dos quais os indivíduos e grupos são excluídos das trocas sociais, das práticas componentes e dos direitos de integração social e de identidade [...] ele vai mesmo além da participação na vida do trabalho, englobando os campos de habitação, educação, saúde e acesso a serviços (ATKINSON, 1998: 109).

A influência do pensamento francês se dá, basicamente, através de Serge Paugam (1991 e 1996), pois Atkinson crê poder formular um conceito de exclusão viável e coerente, através dos três tipos ideais de tratamento da pobreza: integrada, marginal e privadora (ou desqualificante[5]); esta última se dirige claramente ao espectro da exclusão social, uma pobreza com condições precárias de vida e vista como ameaça à coesão social. Além do desemprego, há outras dimensões (é multidimensional) de precariedade econômica e social, instabilidade conjugal, vida social e familiar inadequadas, baixo nível de participação nas atividades sociais etc., em uma espiral viciosa de produção da exclusão.

Os anos 90 também reeditam o conceito de exclusão como a não cidadania, principalmente a ideia de processo abrangente, dinâmico e multidimensional.

Na literatura estrangeira, pois, cabe destaque à produção recente francesa com as contribuições de R. Castel (1995)[6] e Serge Paugam[7], entre outros. No caso de Robert Castel, tornou-se referência no debate sobre o assunto, pois fez uma análise histórica e socioantropológica sobre a questão social centrada na crise da sociedade salarial. Nesse sentido, enfoca a emergência da relação contratual de trabalho – e os

---

5. Entre nós, o termo foi traduzido como desqualificante.

6. Ver também WANDERLEY, M.B. et al. (1997). *Desigualdade e a questão social*. São Paulo: Educ.

7. Este autor é a principal referência deste livro que procura trazer a sua contribuição.

que dela eram "excluídos" – como os vagabundos, desempregados, pobres e outros, ao longo da constituição da sociedade burguesa. Também é importante seu estudo sobre diferentes formas de proteção social. Chega ao período atual, em que a vulnerabilidade dos pobres, trabalhadores, desempregados se expressa não só no aumento da "exclusão" do emprego, mas também pela precarização das relações contratuais, das formas de sociabilidade perversas e um panorama quanto ao futuro que passa, também, pelo "desmonte" do Estado Social ou do chamado Estado do Bem-Estar Social. Em particular, com respeito ao termo exclusão, Castel prefere o de *desafiliação*. Castel aborda processos contemporâneos como a *desestabilização dos estáveis* que se tornam vulneráveis e se *instalam na precariedade* (desemprego de longa duração ou recorrente), culminando pela inexistência ou *déficit de lugares ocupáveis na estrutura social* (inutilidade social), transformando-se em não forças sociais, perdendo a identidade de trabalhadores e percorrendo o difícil caminho *suspenso por um fio*.

Em que pesem as diferenças entre a sociedade europeia e a brasileira, essas referências constituem efetiva contribuição ao debate conceitual.

Também Pierre Bourdieu (1947), vindo de outra abordagem, acabou por debruçar-se sobre a grande *miséria do mundo,* em que procura captar as *dificuldades de viver* de determinados grupos e pessoas, em diferentes situações e países, estudos de caso analisados por especialistas. Sublinhe-se, aqui, seu enfoque sobre a questão espacial, no caso a urbana, destacando a simbolização do espaço, dos lugares como rebatimentos espaciais da hierarquização social. Assim é que se aborda o tema do subúrbio e do gueto.

Destacamos, ainda, o trabalho de L. Wacquant (1997), cuja principal preocupação é focalizar a questão das desigualdades urbanas, através do estudo do gueto negro americano como a *utopia americana às avessas.* Exemplo do efeito perverso de uma política pretensamente integradora – um conjunto habitacional para baixa renda em Chicago acabou por segregar socioeconômica e etnicamente, quase em *abandono concertado* e em deterioração continuada dos imóveis e das relações sociais.

Por sua vez, Boaventura de Souza Santos (1995) atribui grande importância ao tema da desigualdade social – e da exclusão –, mas distingue a esfera socioeconômica, que é a esfera da desigualdade e da qual Marx foi o grande intelectual crítico, da esfera sociocultural, ligada também às questões simbólicas, morais e, nesta esfera, estaria a exclusão e seu grande teórico poderia ser M. Foucault.

A abordagem de Santos enfatiza a contradição capitalista presente no enfoque da desigualdade: burgueses contra proletários inseridos na esfera produtiva, ambos integrados no sistema referencial. Contudo, utiliza o conceito de diferença, quando o ator social está fora do padrão de referência (fora da homogeneidade convencional) e, assim, caminha para o processo de exclusão.

As relações sociais são, portanto, enfocadas em confronto com a noção de Estado – Estado Providência ou Estado Mínimo –: em outras palavras, os princípios podem ser universalistas ou diferencialistas, de combate à exclusão ou à desigualdade. Se adeptos do universalismo, negam as diferenças, buscando a homogeneização com base no princípio da cidadania e igualdade abstrata de direitos (o exemplo é o Estado Providência).

Contudo, a crise do Estado Providência e o fracasso na obtenção da igualdade de acesso a serviços sociais acarretaram a reflexão daqueles que respeitam a diferença (ou sua absolutização), contra os princípios abstratos do cidadão com direitos virtuais. Propuseram-se, então, normas relativistas (o Estado Mínimo se exime da responsabilidade de integrar os "diferentes"), admitindo que a exclusão seja de responsabilidade do próprio excluído. E o "diferente" passa a ser visto como sem utilidade econômica. Neste caso, a presença das novas tecnologias de produção é significativa. Segundo Santos, portanto, resumidamente, estar incluído é estar dentro, no sistema, mesmo que desigualmente. Estar fora, ser diferente, não se submeter às normas homogeneizadoras, é estar excluído ou "empurrado" para fora.

Na América Latina, de maneira geral, os anos 90 provocaram várias reflexões, não só na comunidade científica, a debruçar-se sobre a pobreza – ou as novas formas de pobreza e de "exclusão" – como também de organismos e organizações internacionais. Disso é testemunha uma compilação de autores latino-americanos e de demais nacionalidades, estimulados pelas Nações Unidas, que aborda a pobreza e formas de combate em diferentes modelos e propostas de intervenção e diferentes sistemas de segurança social (KLIKSBERG, 1993).

No caso brasileiro, o exame da totalidade de trabalhos sobre o tema nesta década não caberia nesta breve introdução. Limitamo-nos a apontar algumas referências, mas que são significativas na construção e no debate dessa questão social hoje.

Iniciamos o debate com a sugestiva proposta de José de Souza Martins (1997), segundo a qual o termo exclusão social passou a ser um rótulo – deus/demônio – responsável e explicativo de tudo e por tudo, no debate dos anos 90. Criticando acerbamente a prática corrente de rotular fantasiosa e rigidamente, esse autor procura, nesta obra, contrapor o rótulo às referências do vivido e descobrir, ao falar aos educadores populares, as brechas que se abrem na práxis de um vivido capaz de transformar a vida e o mundo e dar sentido à esperança radical do homem que se humaniza e se liberta a si mesmo de carências, de pobrezas, na luta de todos os dias, vivente de distintos tipos de exclusão.

Nesse sentido, a crítica se faz à "coisificação e fetichização" conceitual, pois que esta conduziria menos à expressão de uma prática e mais à indução a uma prática. Definindo-se em perspectiva sociológica e política – e, nesse sentido, afastando-se de privilegiar enfoques e reducionismos economicistas – justifica ser esse o âmbito da intervenção eficaz da sociedade civil, do povo e daqueles que são *vagamente definidos como excluídos,* porque é nesse campo que são reivindicados os direitos sociais. Nesse sentido, a reflexão sociológica, abordando a relação política entre sociedade e Estado, foca as contradições que poderiam criar condições de ação eficaz dos dominados.

Visto desse ângulo, o reducionismo interpretativo do conceito de exclusão à economia substitui a ideia de processo de exclusão (integrativa ou modo marginal de inserção).

O rótulo acaba se sobrepondo ao movimento que parece empurrar as pessoas, os pobres, os fracos, para fora da sociedade, para fora de suas "melhores" e mais justas e "corretas" relações sociais, privando-os dos direitos que dão sentido a essas relações. Quando, de fato, esse movimento as está empurrando para "dentro", para a condição subalterna de reprodutores mecânicos do sistema econômico, reprodutores que não reivindicam nem protestam em face de privações, injustiças e carências (MARTINS, 1997).

Chama-se a atenção, aqui, para que o termo exclusão seja concebido como expressão das contradições do sistema capitalista e não como estado de fatalidade. E é preciso vivenciar a contradição que se expressa na exclusão, desenvolvendo algum nível de consciência da contradição que se vive ao agir.

Há um conceito correlacionado intimamente à exclusão que é o de pobreza; mas esta, hoje, mudou de nome e de forma. Além de ser a privação: de emprego, meios para participar do mercado de consumo, bem-estar, direitos, liberdade, esperança e outros itens necessários à vida digna, a pobreza recebe, hoje, uma dimensão moral, não oferecendo mais alternativa e nem mesmo a possibilidade remota de ascensão social. Mesmo havendo certa relatividade na demarcação entre ricos e pobres, parece haver uma condenação irremediável à pobreza, o que faz com que os pobres prefiram não se reconhecer como tais. *O discurso redutor do caráter redentor da pobreza digna já não comove nem convence* (MARTINS, 1997: 19).

Martins aponta que, no Brasil, políticas econômicas atuais, que poderiam chamar-se neoliberais, acabam por provocar, não políticas de exclusão e, sim, políticas de *inclusão precária e marginal,* ou seja, incluem pessoas nos [...] *processos econômicos, na produção e na circulação de bens e serviços estritamente em termos daquilo que é racionalmente conveniente e necessário à mais eficiente (e barata) reprodução do capital* (MARTINS, 1997: 20).

Dessa forma, atenuam o caráter perigoso das classes dominadas que, assim, veem-se menos inclinadas ao conflito social, adequando-as ao funcionamento da ordem política, em favor dos dominantes.

A nova desigualdade, portanto, necessita ser analisada através de uma "fenomenologia dos processos sociais excludentes", porque, além de se produzirem e (re)produzirem relações marginais, cria-se também um universo ideológico no imaginário da sociedade de consumo. O exemplo citado por Martins é o de que, através do mesmo toque de botão de televisão, há a capacidade de transportar-se o favelado e o milionário, simultaneamente, ao mesmo mundo fantasioso e colorido das ficções da comunicação de massa, permitindo certa unificação ideológica, apesar da desigualdade material.

O destaque dado pelo Autor à força da colonização do imaginário do homem comum, através do consumismo dirigido, refere-se à caracterização de que a nova desigualdade gera dois mundos, uma sociedade dupla, de duas partes que se excluem reciprocamente, mas parecidas por conterem algumas mesmas mercadorias e as mesmas ideias individualistas e competitivas. Só que as oportunidades não são iguais, o valor dos bens é diferente, a ascensão social é bloqueada. Apesar disso, um bloco de ideias falso, enganador e mercantilizado acena para o *homem moderno colonizado* que passa a imitar, mimetizar os ricos e a pensar que nisso reside a igualdade (MORIN, 1969). É a sociedade da "imitação", da reprodutibilidade e da vulgarização, no lugar da criação e do sonho.

Em síntese, considerando que o conceito de exclusão é um equívoco, uma fetichização que retrata imperfeitamente processos de inclusão, precária, instável e marginal, no conjunto das dificuldades e dos lugares residuais na sociedade atual, Martins conclui que a palavra exclusão não é nova. A sociedade capitalista nasce com excluídos; é sua máxima respeitar o mercado, desenraizando e brutalizando a todos – essa é sua regra estruturante – para depois incluir, segundo sua própria lógica. O camponês, por exemplo, vai para a cidade pretendendo ser operário industrial. Só que a nova dinâmica capitalista exclui e demora para incluir e aí começa a tornar visível o que se chamou de exclusão. Em outras palavras, o momento transitório da passagem de exclusão para inclusão está se transformando num modo de vida que permanece: o modo de vida do excluído que não consegue ser reincluído. E tal modo de vida compromete sua dignidade, sua capacidade de ser cidadão, sua condição humana, do ponto de vista moral e político.

Além da humanidade formada de integrados (ricos e pobres), inseridos de algum modo no circuito das atividades econômicas e com direitos reconhecidos, há uma outra humanidade no Brasil, crescendo rápida e tristemente através do trabalho precário, no pequeno comércio, no setor de serviços mal pagos, tratados como cidadãos de segunda classe (*underclass* na leitura anglosaxônica, "excluídos" na francesa).

Entre esses dois mundos, uma fratura cada vez maior e difícil de ultrapassar.

Nessa direção vão muitos estudiosos da questão urbana na atualidade, como aqueles que vêm se dedicando às transformações contemporâneas das grandes cidades sob o impacto da chamada globalização da economia ou da nova divisão internacional do trabalho. Dentre as várias perspectivas está a das cidades globais, verdadeiros pontos nodais de interconexão das economias nacionais e da transnacionalização das empresas, dos fluxos financeiros e das novas condições da indústria. Reunindo muitas características da nova ordem mundial, as cidades globais estão presentes nos países de capitalismo central quer com ênfase nas funções financeiras como Londres e Nova York, por exemplo, quer nas novas formas industriais tecnologicamente avançadas como Paris e Tóquio. Mas há cidades mundiais do chamado mundo semiperiférico, como é o caso de São Paulo, Cingapura ou Cidade do México, para citar algumas[8].

Sem pretender explorar aqui este vasto assunto, destacamos a questão social envolvida na problemática das grandes cidades e seu papel internacional. Vários autores têm relacionado como uma de suas principais características uma dualização social (CASTELLS & MOLLENKOF) ou uma polarização social, ou seja, aqueles que apostam que a globalização e a financeirização da economia se fazem sentir sobre a estrutura social das cidades, apontam que o mercado de trabalho se fratura, fazendo aumentar a procura daqueles indivíduos altamente qualificados, exigidos pelo setor de ponta da economia, e ligados aos serviços especializados, à gestão e controle do capital, às atividades tecnológicas avançadas. Em contrapartida, os não qualificados tenderiam a ser "sobrantes"; operários industriais outrora qualificados são agora residuais. Classes médias tenderiam a diminuir, substituindo a representação gráfica clássica da pirâmide social por um tipo de sociedade de contorno de ampulheta, com dois polos configurados e estreitando-se os seus médios.

Embora esse modelo possa ser relativizado e se deva sempre contextualizar a cidade mundial de que se trata, porque as coordenadas histórico-sociais pesam, bem como as relações com a economia nacional e regional, também o papel do Estado-nação não pode ser desprezado, é indiscutível que se assiste hoje a esses traços presentes em muitas cidades mundiais.

Preteceille (1994) afirma que a cidade global não segue apenas um único modelo e que os efeitos da globalização não são diretos e nem

---

8. Verificar entre outros: Jordi Borja (1991), M Castells e Mollenkoff (1991), Saskia Sassen (1991). Anthony King (1990) e no Brasil Octavio Ianni (1990), Helena Kohn Cordeiro (1985), Evelyn Levy (1995). Em artigo sobre o tema, discorro a respeito da construção típico-ideal de cidade mundial, avanços, limites desse novo "paradigma". Maura Veras: Novos olhares sobre São Paulo – notas introdutórias sobre espaços e sujeitos da cidade mundial. Revista *Margem*. n. 6, São Paulo, Fapesp/'Faculdade de Ciências Sociais-PUCSP, dezembro de 1997.

vão sempre no mesmo sentido. Assim, a polarização social pode acontecer em algumas delas, mas também ocorrem segmentação e fragmentação. Desse modo, o desenvolvimento do comércio, do terciário sofisticado, as funções da pesquisa e o desenvolvimento das empresas, os serviços subsidiários, podem também aumentar e desfigurar o anunciado modelo de ampulheta da chamada polarização, pela presença de estratos médios, superiores e inferiores da estrutura social.

Refletindo sobre essa nova etapa vivida pelo mundo global, Francisco de Oliveira (1997) identifica que se chegou a limites superiores do capitalismo desenvolvido, sem ter atingido seus patamares mínimos: *vanguarda do atraso e atraso da vanguarda*. Pensar a América Latina, por exemplo, deve ser feito não apenas levando em conta suas contradições internas, mas também o cruzamento com o capitalismo internacional, para que se dê conta da *singularidade do subdesenvolvimento*. A primeira das características da vanguarda do atraso estaria na incapacidade regulatória do Estado que perde a possibilidade de regulamentar o sistema econômico em suas áreas político-territoriais e se torna *presa* fácil *da violência privada* [...] e que as classes dominantes nacionais acabaram por *dissolver-se no amplo conjunto das forças dominantes em nível global [...] mas isto não se fez sem um alto preço a pagar pelas classes dominadas [...] a característica central da contradição latino-americana, explicitada e posta em marcha pelas políticas econômicas chamadas neoliberais, é a exclusão* (OLIVEIRA, F., 1997: 6-7).

Sem que tivéssemos conhecido propriamente um Estado de *Welfare,* políticas ditas integradoras pouco incluíram. Na América Latina, as taxas de desemprego aberto e disfarçado alcançam níveis entre 30% e 50% da PEA e, apesar da euforia do Plano Real, e após a sua crise, a erosão salarial e a falta de reajuste desmentem o sucesso da política anti-inflacionária (OLIVEIRA, 1997: 8). Abre-se para o capital financeiro estrangeiro especulativo, aumenta a dívida externa e interna, consumindo boa parte dos recursos fiscais. A armadilha se completa. O círculo se fecha. A condição do êxito da política monetária é garrotear qualquer gasto social e, por isso, não há política social.

Em países como o nosso, com desigualdades abismais entre as várias classes sociais, esse tipo de política transforma-se em exclusão; antes o termo poderia ser contestado, posto que, mais mal do que bem, assim mesmo as políticas tentavam incluir progressivamente as populações e classes sociais no mercado, na cultura, na cidadania, enfim, a integração se dava por formas excludentes que criaram as grandes maiorias pobres da América Latina; os vários recortes do mercado de trabalho mostravam essa integração por exclusão: negros no Brasil, mulheres em toda a América Latina, os índios de variada extração na América Latina, os mestiços, a infância, as coortes generacionais [...] O mercado reificava como atributos dos indivíduos e das classes o que eram as taras históricas da desigualdade e da não cidadania na América latina (OLIVEIRA, F., 1997: 9-10).

Atualmente, criou-se até o neologismo "inempregáveis" para referir-se aos contingentes que, na nova ordem globalizada em que se insere o Brasil, não terão nenhuma vez, numa certa visão fatalística de que a chamada reestruturação produtiva dividirá os grupos entre assimiláveis (empregáveis) e largo grupo excluído. Francisco de Oliveira estima que cerca de 50% da população economicamente ativa estariam condenados à "marginalização".

A exclusão social, assim, aparece como a face econômica do neoliberalismo globalizado na América Latina e no Brasil e para ela não há nenhuma política assistencialista, porque, segundo Oliveira, as classes dominantes desistiram de integrá-la quer à produção, quer à cidadania. Pretendem, sim, é segregar, confinar, em verdadeiro *apartheid* entre classes, um crescente distanciamento e incomunicabilidade, traço construído socialmente.

Surge uma nova estamentalização da sociedade fragmentada, havendo uma certa sociabilidade da apartação e do confinamento e a "comunicação mediática" substitui a construção da esfera pública, pois, muitas vezes, a denúncia e o acompanhamento de questões públicas, desde as guerras até as CPIs, se transformam apenas em espetáculos; a mídia se autodeclarando vigilante dos interesses populares (ou direitos humanos, às vezes), evidenciando-se, assim, a fratura da realidade social e substituindo o *monopólio legal da violência em monopólio privado da violência*[9].

E os pobres passam a desconfiar de si próprios, numa culpabilidade popular: *caminhando sobre o chão pavimentado pelo preconceito dos pobres contra os pobres, as classes dominantes no Brasil começa-*

---

9. O autor faz aqui referência ao conceito de Estado em M. Weber – (1970) *Política como vocação*. São Paulo: Cultrix. – como o detentor do monopólio legal da violência.

ram a extravasar uma *subjetividade antipública que segrega, elabora pela comunicação mediática uma ideologia antiestatal,* fundada no grande desenvolvimento capitalista, na desindustrialização, na terciarização superior, da dilapidação financeira do Estado e da imagem de um Estado devedor (OLIVEIRA, F., 1997: 15). E, assim, segrega-se a ideia da "desnecessidade" do público. O mercado parece sobrepor-se ao Estado, sugerindo que as burguesias brasileiras acreditam que podem passar sem ele porque pensam que já o Estado depende delas ou da própria associação entre si e o capital internacional.

Dessa forma, acredita F. de Oliveira que o sentido mais profundo da exclusão está ligado ao desejo dos burgueses brasileiros de mostrar que os dominados são diferentes, segregando-os, nem se preocupando mais em legitimar sua dominação na clássica fórmula de coerção e consenso. Deixam-nos à parte, proibindo o dissenso, porque o "social" deve subordinar-se ao econômico e aproximando-se mais de totalitarismo que de hegemonia (em termos gramscianos).

O *apartheid* se caracteriza pela criação de um campo semântico em que os significados dos direitos e conquistas civilizatórios, plasmados em direitos sociais, trabalhistas, civis e políticos são transformados em fatores causais da miséria, pobreza e exclusão, em obstáculo ao desenvolvimento econômico e, mais, são transformados em ausência de cidadania. A proteção social, por exemplo, transforma-se em "custo Brasil" (OLIVEIRA, F., 1997).

Outro autor, partindo de uma preocupação de construir epistemologicamente – e sociologicamente – o conceito de exclusão social, Luciano Oliveira (1997) acaba por concordar com várias das posições até aqui esboçadas pelos autores citados e oferece um bom panorama da questão, em interessante artigo.

Citando que o fenômeno assume feições dramáticas, também no mundo desenvolvido (o caso da França é importante registro por trazer expressões dirigidas às pessoas pobres como "quarto mundo", nova pobreza e a própria exclusão, desde os anos 60), e parece reconhecer uma especificidade gerada a partir da década de 80, como um desemprego estrutural que é quase um subproduto do próprio avanço científico e tecnológico (que libera mão de obra) e da precarização de relação de trabalho. No Brasil, sobretudo, há uma nova cisão que é a de incluídos x excluídos.

Como já foi exposto por outros autores, o balanço dos diversos significados atribuídos ao termo demonstra uma ampla difusão de usos, abrangendo desde o sentido de minorias (negros, homossexuais, deficientes físicos), como desempregados, pobres, sem-habitação, sem-teto etc. Tradicionalmente, o termo se aplicou a favelados, meninos de rua, catadores de lixo, periferias, um *lúmpen,* ou a um certo tipo de privação, discriminação ou banimento.

Se a exclusão, *lato sensu,* quase permanentemente esteve ligada ao modo de produção capitalista, como já visto, contemporaneamente pode-se falar de uma "nova exclusão" (NASCIMENTO, 1994) com uma dupla face: de um lado, a não inserção no mundo do trabalho se expressa pelo fato de que alguns contingentes (pela baixa qualificação) tornam-se "desnecessários economicamente", mesmo que novas tecnologias possam empregar parcialmente alguns deles e, por outro lado, abate-se sobre eles um estigma, por viverem em condições precárias e subumanas em relação aos padrões "normais" de sociabilidade, de que são perigosos ameaçadores e, *por isso mesmo, passíveis de serem eliminados"* (OLIVEIRA, F., 1997: 52).

O Autor procura treinar o olhar para identificar o fenômeno e aperfeiçoar a construção do conceito. Iniciando pela posição hegemônica das Ciências Sociais entre nós, desde os anos 70, que é a marxista, nas várias acepções, a divisão em dois grupos – incluídos e excluídos – representaria uma visão dualista, amplamente criticada. Atribuir-se-ia, assim, a causa à acumulação global. O conceito de população "supérflua" relativa, do exército industrial de reserva, ainda guardava uma relação com a acumulação capitalista, funcional ao sistema, conforme o clássico trabalho de F. Oliveira (1981), *Economia brasileira* – crítica à razão dualista.

Esse *lumpenproletariat,* além de gerado pelo processo de acumulação, é funcional ao sistema, não apenas enquanto exército industrial de reserva, como queria Marx, mas também, nas condições brasileiras, enquanto fator que vai permitir que os segmentos integrados ao setor dinâmico da economia – dos quais convém não esquecer as classes médias – se beneficiem da existência de uma mão de obra superexplorada, que vai lhes prestar serviços a custos baixíssimos, liberando, assim, mais recursos que serão realocados (na compra de bens de consumo duráveis, por exemplo) no setor dinâmico (OLIVEIRA, F., 1997).

A situação, hoje, parece sugerir que esse exército industrial de reserva tornou-se desnecessário economicamente e daí o termo exclusão, pois não seria mais reserva e constituir-se-ia em estorvo. Isso, em parte, pode ser verdade, embora haja indício de que, até por vias mais perversas possíveis, há certa articulação com a economia. Nesse sentido, só iriam constituir-se como *excluídos* de fato aqueles de quem não se pudesse *"extrair nenhum centavo de mais-valia"*.

Além disso, outra ótica acaba por olhar os excluídos como aquém da "humanidade", ou seja, sua desumanidade e, segundo Hannah Arendt (1990), também a subumanidade desses contingentes traz consequências políticas, pois eles, à semelhança dos judeus apátridas, não teriam *um lugar peculiar no mundo*.

Ademais, tais contingentes gerariam um sentimento de hostilidade, desconfiança, irritação e medo por parte dos outros setores da sociedade, espécie de fomento de ideias neonazistas, pois também tais setores acabam por sentir-se ameaçados. Isso gera, igualmente, uma demanda maior de serviços de segurança e repressão, canalizando as energias mais para a contenção dos efeitos perversos do que para a resolução das causas da questão social.

Tentando concluir, Luciano Oliveira (1997) afirma que, para entender as causas, o ponto de vista do antidualismo é mais apropriado, pois evita a ingenuidade de querer explicar a miséria pela culpa dos miseráveis (ou pelo senso comum ou pelo moralismo).

No que tange aos efeitos, contudo, o dualismo entre excluídos e não excluídos é útil, pois dá conta de vasta fenomenologia. Ainda acrescenta-se ao debate que o reducionismo econômico não permite abranger a dimensão ético-política da questão e só esta poderá fundamentar e resgatar a conquista da inclusão.

Essas considerações, assim como as de José de Souza Martins, já citadas, permitem perceber como a sociedade acaba se acostumando com a dualidade, quase permanente, o que se depreende do aumento substantivo dos gastos com segurança, transformando-os em *florescente área de investimento (vigilância, eletrônica, blindagem de automóveis, guardas privados etc. [...] O conceito de exclusão tem uma razão teórica, mas, sobretudo, ética e política: é ele que nos interpela sobre a natureza da polis que estamos construindo* (OLIVEIRA, L., 1997: 60).

Convém registrar a grande contribuição, para o debate dos anos 90 sobre o conceito de exclusão, realizada por Aldaíza Sposati (1996), que procura espacializar a desigualdade do espaço urbano no município de São Paulo, utilizando metodologia cuidadosa e multidimensional, combinando indicadores de autonomia, qualidade de vida, desenvolvimento humano e equidade. Procura chamar a atenção para a percepção dos profundos contrastes da cidade de São Paulo e fundamentar a importância de uma lei orgânica de assistência social.

Lúcio Kowarick (1994) atualiza a pesquisa sobre o tema da desigualdade e inequidade sociais, contextualizando-o no *subdesenvolvimento industrializado,* na existência do *subcidadão público.*

Há, ainda, vários trabalhos recentes[10] sobre o tema da exclusão social; destes, pode-se citar a publicação de diferentes textos sobre pesquisas a respeito do tema por equipe do Rio Grande do Sul (ZARTH, 1998), enfocando assuntos correlatos como o impacto da globalização e das novas tecnologias, o desemprego, o subemprego, a discriminação étnica, os conflitos sociais e políticas públicas, em perspectiva histórica, antropológica e sociológica. Em capítulo teórico, Bonetti (1988) aponta a exclusão como decorrente de uma mudança na estrutura social, da perda de possibilidade de participação, quer na estrutura produtiva quer cultural. Os sujeitos sociais, grupos ou classes são submetidos a uma homogeneização provocada pelas políticas públicas.

Finalmente, resta também referir o significativo trabalho publicado em 1994 por Elimar Pinheiro do Nascimento – *A exclusão social no Brasil:* algumas hipóteses de trabalho e quatro sugestões práticas – Cadernos do Ceas – Centro de Estudos da Ação Social –, n. 152, Salvador/BA, 1994[11].

Segundo José de Souza Martins (1997), esse autor, falando da "nova exclusão", atribui ao "excluído" o fato de estar em situação de

---

10. As pesquisas sobre a população de rua, segmento identificado com a chamada "exclusão social", trouxeram contribuição ao debate em São Paulo. Vera Silva Telles também marca um importante capítulo na discussão sobre a pobreza entre nós. Sua tese de doutorado, *A cidadania inexistente. Incivilidade e pobreza* – um estudo sobre o trabalho e a família na Grande São Paulo. Departamento de Sociologia-USP, 1992, aborda as questões do trabalho e estratégias familiares na região metropolitana de São Paulo. Devem ser citados também: Vieira, M. Antonieta C, Bezerra, Eneida e Rosa, Cleisa M.M. (1992). *População de rua:* quem é, como vive e como é vista? São Paulo: Hucitec. • YAZBEK, M. Carmelita (1993). *Classes subalternas e assistência social.* São Paulo: Cortez Editora.

11. Ver também desse autor: A exclusão social na França e no Brasil: situações (aparentemente) invertidas, resultados (quase) similares? In: DINIZ, Eli et al. (1994). *O Brasil no rastro da crise.* São Paulo: Anpocs/Ipea/Hucitec.

carência material, mas, sobretudo, *[...] ser aquele que não é reconhecido como sujeito, que é estigmatizado, considerado nefasto ou perigoso à sociedade*. Martins considera, entretanto, que *uma categoria social ou grupo não pode ser reconhecido como sujeito, se não se reconhece a si mesmo como sujeito e não atua como sujeito* (MARTINS, 1997: 16-17). Discorrendo sobre o assunto, Martins atribui ao fato da participação na esfera do consumo levar muitos indivíduos a se sentirem como "incluídos" subjetivamente, embora estejam nas categorias de fato consideradas "excluídas". Ainda acresce esse autor que o termo exclusão foi precedido, na reflexão brasileira, das categorias prévias de pobreza e de marginalidade social e que, segundo ele, influenciaram até mesmo as produções francesas referenciais.

Cabe-nos, portanto, atualizar esse debate, produzir pesquisas para verificar do acerto de nossas hipóteses e, principalmente, trabalhar para a erradicação desses processos sociais excludentes.

Referências bibliográficas

ARENDT, Hannah (1990). *As origens do totalitarismo*. São Paulo: Companhia das Letras.

ATKINSON, Rob. (1998). Combatendo a exclusão social urbana. O papel da participação comunitária na regeneração das cidades europeias. *Cadernos Ippur* – Instituto de Pesquisa e Planejamento Urbano e Regional – da Universidade Federal do Rio de janeiro. Rio de Janeiro, ano XII, n. 1, jan-jul., p. 107-128 [Tradução de Marcos Reis, p. 109].

BERLINCK, Manoel T. (1975). *Marginalidade social e relações de classe em São Paulo*. Petrópolis: Vozes.

BOURDIEU, Pierre (1997). *A miséria do mundo*. Petrópolis: Vozes [Vários tradutores].

CAMARGO, Cândido Procópio F. et al. (1975). *São Paulo 1975* – Crescimento e pobreza. São Paulo: Loyola.

CASTEL, R. (1995). *Les metarmophoses de la question sociale*. Paris: Libs. Arthème Fayard [Traduzido para o português por POLETTI, Iraci D. (1998). *As metamorfoses da questão social* – Uma crônica do salário. Petrópolis: Vozes].

FORACCHI, Marialice (1982). *A participação social dos excluídos*. São Paulo: Hucitec.

JACOBI, Pedro R. (1982). Exclusão urbana e lutas pelo direito à moradia. *Revista Espaço e Debates*, ano 2, n. 7. São Paulo: Neru, p. 53-70.

KLIKSBERG, Bernard (1993). *Pobreza, un tema impostergable* – Nuevas respuestas a nivel mundial. México: Fondo de Cultura Económica.

KOWARICK, L. & CAMPANÁRIO, M. (1994). São Paulo: metrópole do subdesenvolvimento industrializado – Do milagre à crise. In: Kowarick, L. (org.). *As lutas sociais e a cidade*. Rio de Janeiro: Paz e Terra [2. ed. revista e atualizada].

KOWARICK, Lúcio (1991). Cidadão privado e subcidadão público. *Revista São Paulo em Perspectiva*, vol. 5, n. 2, abril-junho.

_____ (1988). *As lutas sociais e a cidade*. Rio de Janeiro: Paz e Terra. [Este trabalho foi revisto e ampliado em 1994].

_____ (1983). L. *Trabalho e vadiagem* – Origem do trabalho livre no Brasil. Rio de Janeiro: Paz e Terra.

_____ (1975). *Capitalismo e marginalidade na América Latina*. Rio de Janeiro: Paz e Terra. Os cidadãos da marginal. *Revista Argumento*, n. 1, 1973. *Espoliação urbana* (1979). Rio de Janeiro: Paz e Terra.

MARTINS, José de Souza. (1997). *Exclusão social e a nova desigualdade*. São Paulo: Paulus.

_____ (1993). *A chegada do estranho*. São Paulo: Hucitec.

MORIN, E. (1969). *Cultura de massas no século XX*. Rio de Janeiro: Forense e também LEFÈBVRE, H. (1972). *La vida cotidiana en el mundo moderno*. Madri: Alianza Editorial.

NASCIMENTO, Elimar (1994). Hipóteses sobre a nova exclusão social. *Cadernos CHR*, n. 21, Salvador.

OLIVEIRA, Francisco (1997). Vanguarda do atraso e atraso da vanguarda: globalização e neoliberalismo na América Latina. Texto preparado para a conferência magistral no *XXI Congresso da Associação Latino-Americana de Sociologia* – Alas – São Paulo, setembro.

_____ (1981). *Economia brasileira* – Crítica à razão dualista. Petrópolis: Vozes/Cebrap.

OLIVEIRA, Luciano (1997). Os excluídos existem? Notas sobre a elaboração de um novo conceito. *Revista Brasileira de Ciências Sociais*. São Paulo: Anpocs, n. 33, ano 12, fevereiro, p. 49-60.

PERLMAN, Janice (1977). *O mito da marginalidade urbana* – Favelas e políticas no Rio de Janeiro. Rio de Janeiro: Paz e Terra [Trad. W. Portinho].

PRETECEILLE (1994). Cidades globais e segmentação social. In: QUEIROZ RIBEIRO, L.C. & SANTOS JR., *Globalização, fragmentação e reforma urbana*. Rio de Janeiro: Civilização Brasileira.

SANTOS, Boaventura de S. (1995). A construção multicultural da igualdade e da diferença. *VII Congresso da Sociedade Brasileira de Sociologia*. Conferência Magistral. Rio de Janeiro: IFCS/UFRJ, 4 de setembro (mimeo.).

SANTOS, Milton (1987). *O espaço do cidadão*. São Paulo: Nobel.

SINGER, Paul (1980). *Economia política da urbanização*. São Paulo: Brasiliense [Em especial: Urbanização, dependência e marginalidade na América Latina].

SPOSATI, Aldaíza (coord.) (1996). *Mapa da exclusão/inclusão social da cidade de São Paulo*. São Paulo: Educ.

VERAS, Maura (1987). Os impasses da crise habitacional em São Paulo ou os nômades urbanos no limiar do século XXI. *Revista São Paulo em Perspectiva,* vol. 1. São Paulo: Sead.

WACQUANT, L. (s.d.). Da América como utopia às avessas e A zona. In: BOURDIEU, P. Op. cit.

ZARTH, Paulo Afonso et al. (1998). *Os caminhos da exclusão social*. Ijuí: Unijuí.

SEGUNDA PARTE

ANÁLISE PSICOSSOCIAL E ÉTICA DA EXCLUSÃO –
CATEGORIAS ANALÍTICAS

OS PROCESSOS PSICOSSOCIAIS DA EXCLUSÃO

Denise Jodelet

A noção de exclusão, bastante polissêmica, compreende fenômenos tão variados que nós podemos nos perguntar até onde se justifica falar ou tratar de exclusão em geral, o que suporia juntar todos os processos que ela implica ou todas as formas que ela toma em uma mesma alternativa. Até onde, é legítimo ligar a exclusão ao racismo, ao desemprego, aos conflitos internacionais ou ainda a um estado de incapacidade física ou mental, etc.? Há pelo menos um nível onde uma abordagem única da exclusão pode fazer sentido: o nível das interações entre pessoas e entre grupos, que dela são agentes ou vítimas. Este nível é próprio da Psicologia Social.

Com efeito, a exclusão induz sempre uma organização específica de relações interpessoais ou intergrupos, de alguma forma material ou simbólica, através da qual ela se traduz: no caso da segregação, através de um afastamento, da manutenção de uma distância topológica; no caso da marginalização, através da manutenção do indivíduo à parte de um grupo, de uma instituição ou do corpo social; no caso da discriminação, através do fechamento do acesso a certos bens ou recursos, certos papéis ou *status*, ou através de um fechamento diferencial ou negativo. Decorrendo de um estado estrutural ou conjuntural da organização social, ela inaugurará um tipo específico de relação social. Sendo o resultado de procedimentos de tratamento social, ela se inscreverá em uma interação entre pessoas ou entre grupos.

Pode-se, então, no mínimo, esperar do estudo das relações sociais que ele revele os processos marcados por diferentes alternativas de exclusão. É sobre isso que a Psicologia Social pôde, e pode ainda trazer uma contribuição original para a análise deste tipo de fenômeno.

Nós examinaremos, em seguida a este capítulo, a especificidade da abordagem psicossocial e alguns dos conceitos e modelos de interpretação que ela desenvolveu, ao longo de sua história, apoiando-se em diversos métodos, indo da pesquisa no meio real à experimentação em laboratório.

Psicologia social e exclusão

O modo através do qual a Psicologia Social tenta dar conta das relações sociais apresenta dupla característica. Uma consiste em focalizar as dimensões ideais e simbólicas e os processos psicológicos e cognitivos que se articulam aos fundamentos materiais dessas relações. A outra aborda estas dimensões e processos, considerando o espaço de interação entre pessoas ou grupos, no seio do qual elas se constroem e funcionam. É o mesmo que dizer que essa abordagem pressupõe a existência de um laço social, seja ele perverso ou pervertido. E é aí que ela pode ter alguma coisa a dizer sobre a exclusão.

Em se tratando de exclusões socialmente produzidas, a Psicologia Social não opõe um tipo de interpretação (psicológica) a um outro (sócio-histórico, cultural ou econômico). Ela tenta compreender de que maneira as pessoas ou os grupos que são objetos de uma distinção são construídos como uma categoria à parte. Para dar conta desta construção social, diversos modelos teóricos foram propostos. Referindo-se a dinâmicas psíquicas ou a processos cognitivos, eles colocam em jogo noções elaboradas no seio da Psicologia Social, tais como as de preconceito, estereótipo, discriminação, identidade social, ou ainda apelam, através da análise dos discursos sociais, às representações sociais e à ideologia.

A interrogação dos psicólogos sociais sobre exclusão foi suscitada, desde o período entre as duas guerras, pela ascensão do fascismo, e depois pelas execuções nazistas na Europa e pela exacerbação das defesas contra a imigração e os conflitos raciais nos Estados Unidos. Centralizada inicialmente, como a Sociologia, sobre as relações raciais, ela se estendeu às relações estabelecidas no espaço social e político, em um *continuum* indo do conflito à cooperação, entre grupos de toda espécie, diferenciados segundo critérios de atividade ou de pertencimento social, nacional, cultural, etc.

Uma mesma questão abrange todas as pesquisas: *o que é que faz com que em sociedades que cultuam valores democráticos e igualitários as pessoas sejam levadas a aceitar a injustiça, a adotar ou tolerar frente àqueles que não são seus pares ou como eles práticas de discriminação que os excluem?*

Sempre reiterada, esta questão orientava a busca, nos processos psicológicos e sociocognitivos ligados às relações intergrupais, a explicação dos fenômenos que não podiam somente ser explicados pelas análises históricas, macrossociais ou econômicas.

A atenção dirige-se, primeiramente, aos comportamentos hostis que dão à exclusão manifestações extremas, sendo as primeiras delas os linchamentos e os "pogroms". Esta atenção não se desviou com o tempo, colocando as condutas de agressão sob iluminações complementares.

Desde antes da 2ª Guerra Mundial, a teoria da frustração – agressão (DOLLARD et al., 1939), inspirada na teoria freudiana, acentua a existência de motivações hostis que podem ser ativadas por uma situação de frustração. O impedimento de atingir um objetivo, o entrave de uma necessidade provocaria um estado de cólera que aumentaria a tendência agressiva.

Quando esta última não pode se descarregar diretamente sobre a causa da frustração, porque ela é ou muito poderosa ou mal identificada, ela seria deslocada para alvos mais acessíveis ou frágeis. Este mecanismo pode lançar à escala coletiva, em situações que provocam privações ou competições por bens materiais ou simbólicos, o deslocamento da hostilidade, levando a discriminação de grupos minoritários. Observamos, assim, que, entre 1882 e 1930, no sul dos Estados Unidos, que quanto mais os preços de venda da produção de algodão por metro quadrado abaixavam, mais havia linchamentos (HOVLAND & SEARS, 1940). Uma pesquisa de Campbell mostrava, em 1947, que a expressão de antipatia e de hostilidade com relação aos judeus aumentava quando as pessoas se ressentiam e ficavam insatisfeitas quanto a sua situação política e econômica.

O fenômeno de deslocamento sobre um "bode expiatório" (BETTELHEIM & SANOWITZ, 1964) nem sempre faz aparecer comportamentos abertamente agressivos, mas mesclados de atitudes depreciativas, sob a forma de preconceitos e de estereótipos negativos. Ele pode ser entravado, em sua expressão, pelo temor de desaprovação social. O que aponta a influência do controle social sobre este tipo de processo intraindividual que outros modelos exploraram.

Esse caso foi estudado por Milgran (1974) que, interrogando-se sobre a concordância dos alemães face às sevícias infligidas aos judeus, realizou uma experiência, vulgarizada publicamente pelo filme *I comine Icare de Verneiãl*. Nessa experiência, ele coloca em evidência a força do poder e a submissão à autoridade. Basta para prejudicar o outro que a ordem emane de uma posição de poder. Por exemplo, a do sábio e do professor que ordenam a estudantes que administrem choques elétricos cuja intensidade pode atingir um nível perigoso para alguém que eles veem sofrer. Claro, na experiência, a vítima, cúmplice do experimentador, simula a dor e as descargas são fictícias, mas os sujeitos não sabem e 60% a 80% dentre eles não hesitam em apertar o botão elétrico. Isto não é um caso de exclusão propriamente dito, mas dela se aproxima por um modo de tratamento social, em que o outro não é mais considerado como pessoa ou em que o laço de solidariedade é rompido.

A propensão para prejudicar o outro encontra justificações nas concepções de senso comum, sobretudo aquelas que dizem respeito à explicação causal e à atribuição de responsabilidade das situações nas quais a pessoa se acha vitimizada. É o que mostra uma outra experiência dramática de Lerner (1980) sobre a "crença em um mundo justo" segundo a qual os sujeitos têm o que merecem e merecem o que eles têm. No quadro de uma experiência planejada para desencadear emoções, estudantes foram convidados a observar, em uma tela de televisão, funcionando em circuito fechado, uma mulher que eles deveriam avaliar com a ajuda de uma lista de traços psicológicos. A cena retransmitida faz pensar que nós administramos choques elétricos na mulher que, também cúmplice do experimentador, finge receber descargas muito intensas e simula uma forte dor. Informa-se a uma parte dos sujeitos que participavam da experiência que esta sessão seria de curta duração, sendo que à outra parte foi informado que ocorreria uma outra sessão de longa duração. Os resultados mostram que quanto mais se pensa que a pena infligida é forte e longa, menos se está inclinado a avaliar positivamente a vítima. Este tipo de incriminação não é estranha ao tratamento reservado aos doentes de Aids, quando lhes atribuímos a responsabilidade de sua contaminação. Nos contextos sociais, onde dominam valores e crenças que favorecem o desprezo das vítimas, porque elas são vítimas maltratadas, exploradas, pode ser difícil adotar uma posição contrária por temor de nos encontrarmos em uma situação incômoda em relação ao grupo ao qual pertencemos.

Personalidade autoritária e racismo simbólico

A evolução das pesquisas inscreve as abordagens individuais da agressão em contextos marcados pelo peso das relações de poder, das normas sociais, e mostra o jogo das representações na avaliação depreciativa das pessoas que sofrem uma sorte contrária. Uma evolução similar tem relação com uma outra corrente de pesquisa, também de inspiração analítica, e que deu, nos anos cinquenta, um impulso decisivo para a exploração dos preconceitos e dos estereótipos, instituindo a exclusão.

Um grupo de pesquisadores pertencendo à escola de Frankfurt (ADORNO, FRANKEL-BRUNSWICK, LEVINSON & SANFORD, 1950), com a teoria da personalidade autoritária, associam a ideologia e a personalidade para dar conta das tomadas de posições racistas e antidemocráticas. Eles postulam que crenças que, à primeira vista, parecem sem relação, são ligadas por uma relação psicodinâmica. Assim, atitudes políticas e econômicas do tipo conservador (respeito ao *status quo* e resistência à mudança), o etnocentrismo, caracterizado por uma tendência rígida a aceitar aqueles que são culturalmente semelhantes e a rejeitar aqueles que são diferentes, fazem parte do antissemitismo e dos fatores de personalidade que definem o autoritarismo. E o que mostram as correlações entre uma série de escalas, que permitem medir os diferentes grupos de atitudes ideológicas, etnocêntricas e antissemitas, e uma escala de fascismo potencial ou de tendência antidemocrática que corresponderia a uma estrutura de personalidade.

Esta última, modelada por uma educação familiar autoritária, determinaria uma disposição de espírito geral: convencionalismo e desejo de punir aqueles que vão contra os valores convencionais (agressão autoritária), respeito pela força, desprezo pela fraqueza, intolerância à ambiguidade, recusa da introspecção e da imaginação, repressão e projeção nos bodes expiatórios de sentimentos negativos, rejeição do diferente, etc. A educação determinaria igualmente um estilo cognitivo que utiliza clichês e estereótipos, de maneira rígida, generalizando-os a todas as pessoas de uma mesma categoria, sem levar em conta as diferenças individuais, e não é capaz de mudá-los na presença de informações novas ou contraditórias. Características que também especificam o funcionamento do preconceito.

Esse modelo, do qual se pode dizer (BROWN, 1964) que afetou a vida americana, propondo uma teoria do preconceito que se tornou um elemento da cultura popular e uma força contra a discriminação racial, foi criticado no plano metodológico e pelo caráter excessivamente individualista dos fatores explicativos das discriminações intergrupos. No entanto, a articulação que se estabeleceu entre um sistema de atitudes sociopolíticas e uma estrutura mental ligada ao modo de socialização, atraiu a atenção para o papel dos grupos de pertencimento, e mais amplamente para os sistemas de comunicação institucionais ou mediáticos na transmissão ou enraizamento dos preconceitos, tanto quanto para suas dinâmicas psicológicas (BILLIG, 1984).

Ele conhece ainda hoje aplicações no estudo das relações intergrupos que colocam em evidência o laço entre autoritarismo (definido pelo convencionalismo, agressão autoritária e submissão à autoridade), conservadorismo político e discriminação. Um estudo realizado no Canadá (ZANNA, 1994) mostra que um nível elevado de autoritarismo de direita é o melhor preditor da manifestação de preconceitos contra grupos minoritários (quebequenses, homossexual, indiano, paquistanês), este tipo de atitude é justificada pela crença de que estes últimos constituem uma ameaça para os valores aos quais estamos ligados.

A exclusão corresponde aqui a um sentimento de incompatibilidade entre os interesses coletivos próprios às comunidades em contato e o temor de uma "privação fraterna" afetando as posições e privilégios daquela à qual pertencemos. O modelo chamado de "racismo simbólico" (SEARS, 1988) dá conta deste tipo de fenômeno ligado à evolução dos regimes reservados às minorias e que resultam em mudanças institucionais, exaltando em seu favor uma discriminação positiva, injunções da "correção política "que têm a intenção de pôr em evidência uma "personalidade democrática" sensível às diferenças e que as respeita (MAROCHE,1995). Neste novo espaço social, os preconceitos mudariam de expressão. E assim que diversas experiências que examinam o modo através do qual a assistência a uma pessoa em perigo varia segundo seu pertencimento étnico, colocaram em evidência um "racismo vergonhoso". Este, mascarado por uma adesão de fachada às normas de tolerância, manifesta-se em situações ambíguas ou de conflitos (PETTIGRW, 1989).

Preconceitos e estereótipos

Os modelos psicodinâmicos que acabamos de examinar fazem intervir dois mediadores importantes da exclusão, os preconceitos e os estereótipos. Estas duas noções, frequentemente mal diferenciadas se não confundidas, designam os processos mentais pelos quais se operam a descrição e o julgamento das pessoas ou de grupos, que são caracterizados por pertencer a uma categoria social ou pelo fato de apresentar um ou mais atributos próprios a esta categoria.

O preconceito é um julgamento positivo ou negativo, formulado sem exame prévio a propósito de uma pessoa ou de uma coisa e que, assim, compreende vieses e esferas específicas. Disposto na classe das atitudes, o preconceito comporta uma dimensão cognitiva, especificada em seus conteúdos (asserções relativas ao alvo) e sua forma (estereotipia), uma dimensão afetiva ligada às emoções e valores engajados na interação com o alvo, uma dimensão conativa, a descrição positiva ou negativa. Forjado nos anos 30, ele conhece um aumento de interesse desde os anos 70, com o estudo das relações intergrupos e do ressurgimento do fascismo e dos movimentos de extrema-direita, na Europa sobretudo. A atenção está hoje colocada nas representações que fundam os preconceitos, nos processos de comunicação e nos contextos sócio-históricos em função dos quais seus conteúdos se elaboram, muito mais do que na sua forma.

Essas constituem, antes, o objeto de estudo dos estereótipos, fenômenos que foram identificados, nos anos 20, por um jornalista, Lipmann, que se ocupando da opinião pública fazia dela "imagens na cabeça", representações do meio social que permitiam simplificar sua complexidade. É esta concepção, relacionando estereótipo a uma economia cognitiva e a uma função do conhecimento, que domina os modelos atuais (HAMILTON, 1981). Na linguagem cognitivista do tratamento da informação, os estereótipos são esquemas que concernem especificamente os atributos pessoais que caracterizam os membros de um determinado grupo ou de uma categoria social dada. Eles são considerados como resultantes de processos de simplificação próprios ao pensamento do senso comum.

Enquanto que em sua origem as noções de preconceito e de estereótipo eram negativamente conotadas, de alguma forma, patologizadas, em razão de sua distância com relação às normas de racionalidade, de justiça e de humanismo, autores clássicos, como Allport (1954) muito cedo – e bem antes do desenvolvimento das ciências cognitivas – os relacionaram aos limites da gestão da complexidade do mundo da experiência cotidiana. É necessário, no entanto, sublinhar o papel desempenhado, nesta evolução, pela teoria da categorização social que introduziu, desde 1971, uma mudança marcante no estudo das relações intergrupais e originou uma forte corrente de pesquisa europeia sobre os correlatos sociais e cognitivos dos pertencimentos categoriais (TAJFEL, 1981).

Ao lado da categorização social

Na literatura psicossociológica, o termo categorização tem dois sentidos. Aquele da classificação em uma divisão social: colocamos as pessoas em uma categoria dada, por exemplo, homens e mulheres, jovens e velhos, etc.; aquele da atribuição de uma característica a alguém, caso este que podemos relacionar com a estigmatização ou estereótipo. Existe, é claro, uma relação entre esses dois sentidos: imputar uma característica a um conjunto de objetos pode servir para constituí-lo em uma classe definida pela divisão desta característica; inversamente, basta ser afetado por uma categoria, para que se veja atribuir-se a si mesmo uma característica que é típica dela: mulher rima com doçura, homem com agressividade. Haveria uma tendência para selecionar e interpretar as informações de que dispomos sobre os indivíduos e os grupos de maneira congruente com o que nós pensamos da categoria na qual nós as colocamos.

Assim, a categorização segmenta o meio social em classes cujos membros são considerados como equivalentes em razão de características, ações e intenções comuns. O mundo social está simplificado e estruturado, baseado em um processo que foi posto em evidência a propósito da percepção e da classificação de objetos físicos, a saber, a assimilação entre elementos semelhantes e o contraste entre elementos diferentes.

A acentuação de semelhanças no interior de uma categoria e de suas diferenças com uma outra foi amplamente demonstrada, experimentalmente. Ela pode ter consequências dramáticas no plano da percepção e dos comportamentos, dando lugar a discriminações, na medida em que ela é acompanhada de vieses favoráveis ao grupo do qual somos membros, com uma tendência a desfavorecer os grupos dos quais nos distinguimos.

É o que coloca em evidência o "paradigma do grupo mínimo". Os indivíduos são convidados a participar de uma experiência apresentada como um teste de julgamento estético: depois de terem examinado diapositivos reproduzindo quadros de Klee e de Kandinsky, eles devem designar o diapositivo que eles preferem. Eles são em seguida distribuídos, ao acaso, por dois grupos distintos, mas diz-se a eles que esta distribuição é feita em função de sua escolha por Klee ou Kandinsky. Os dois grupos são designados por uma letra, o que constitui uma situação de diferenciação mínima: anonimato e identificação por um código dos membros de cada grupo. Pede-se, então – e aí está a verdadeira experimentação onde o comportamento de discriminação é operacionalizado pela atribuição ou privação de recursos –, a cada um dos sujeitos para repartir uma certa soma de dinheiro entre duas pessoas, sendo que uma delas pertence ao seu grupo (o endogrupo), e a outra é membro do outro grupo (o exogrupo). Os resultados desta repartição mostram uma tendência a favorecer o membro do grupo ao qual estamos ligados, em detrimento do representante do outro grupo e a maximizar a diferença entre o endogrupo e o exogrupo.

A explicação desses vieses refere-se à força da necessidade do pertencimento social: o engajamento e a implicação emocional com relação ao grupo ao qual pertencemos conduzem a nele investir sua própria identidade. A imagem que temos de nós próprios encontra-se assim ligada àquela que temos de nosso grupo, o que nos conduz a defendermos os valores dele. A proteção do nós incitaria, portanto, a diferenciar e, em seguida, a excluir aqueles que não estão nele.

Mas os indivíduos pertencem todos a diferentes categorias, de gênero, de profissão, de nacionalidade, etc. Além disso, outros modelos cognitivos inspirados no modelo de protótipo (ROSCH, 1978) puseram em evidência o fato de que a categorização não corresponde sempre a uma definição estrita dos critérios de classificação. Os grupos têm limites imprecisos e a inclusão em um deles pode se fazer seguindo a semelhança, a parecença familiar que nós apresentamos com um exemplar típico, o protótipo que encarna as propriedades que identificam o grupo. No nível interindividual, o caráter impreciso e plural dos pertencimentos pode incidir no processo de diferenciação categorial e ter uma incidência sobre o modo através do qual os indivíduos se situam em relação às pessoas que compartilham com eles num desses pertencimentos, diferenciando-se em um ou vários outros e portanto em relação à tendência a excluí-las ou a discriminá-las. Essas modulações foram estudadas por diversos programas de pesquisa, realizados na Europa e na Suíça na sua maioria, que apresentam o interesse de pôr em evidência os laços entre os "metassistemas de relações sociais" e o modo pelo qual se opera a organização cognitiva do ambiente social (DOISE, 1992).

Certas organizações sociais favorecem o uso de categorizações nítidas e contrastantes, outras implicam que se leve em conta processos como o do protótipo ou o cruzamento dos pertencimentos categoriais. Essas modulações afetam as tendências para discriminar e excluir os membros dos outros grupos e, sem dúvida, as justificativas que as fundamentam. Tomemos o exemplo de uma série de experimentações que evidenciam a diferenciação pelo gênero (LORENZI-CIOLDI, 1988). Ela mostra que a assimilação intragrupo e o contraste intergrupo são marcados de modo radical nos grupos dominados ou desfavorecidos e atenuados nos grupos favorecidos ou dominantes. Pode-se extrapolar este resultado para aproximá-lo daquilo que foi chamado de fenômeno "pequeno banco"– isto é, a propensão das camadas colocadas no nível inferior da hierarquia social branca para discriminar as pessoas de cor.

De um outro ponto de vista, estas experiências indicam que o modo de se relacionar com seu grupo é tributário de *status* que este último goza socialmente. Nos grupos dominantes, haveria uma acentuação das particularidades e uma diferenciação das identidades, enquanto que os membros dos grupos dominados manifestariam uma tendência a uma homogeneização e a definição da identidade social, fundando-se em características atribuídas a seu grupo. Isto nos leva a considerar os efeitos da categorização social, e mais generalizadamente dos preconceitos e estereótipos em relação àqueles que são alvos deles.

Sublinhamos no passado os efeitos negativos das atitudes discriminantes sobre a estima de si mesmo. Esses foram ilustrados nos Estados Unidos por uma pesquisa célebre, cujos resultados orientaram, na época, as decisões do Congresso americano. Crianças negras, convidadas a escolher entre bonecas negras ou brancas, exprimiram maciçamente sua preferência e identificação pelas bonecas brancas.

Recentemente reproduzido, este estudo não foi contestado. Como também não são as asserções que dizem respeito à baixa estima de si mesmo e à construção de uma autoimagem e de uma identidade negativas que caracterizaram as pesquisas conduzidas em torno das consequências da discriminação racial até os anos 70.

Estas últimas mostraram sentimentos de insegurança e de inferioridade imputáveis a um *status* marginalizado, privado de prestígio e de poder e à interiorização das imagens negativas veiculadas na sociedade, tanto quanto de uma patologia social ligada à imbricação de múltiplos fatores: a exclusão, limitando as chances sociais, provocaria desorganização familiar e comunitária, socialização defeituosa, perda dos sinais identificatórios, desmoralização, etc. Igualmente, análises que são aplicáveis em numerosas situações de exclusão, como o são aliás as que concernem aos efeitos autorrealizadores dos preconceitos: interiorizados por aqueles que deles são os alvos, induzem entre eles comportamentos que confirmam suas expectativas positivas e negativas.

A crítica feita a essas análises se apoia essencialmente em pesquisas realizadas na comunidade afro-americana. Ela leva em conta uma evolução, constatada, desde os anos 80, com a afirmação de uma subcultura ética, uma conscientização do pertencimento comunitário e das identificações positivas autorizadas pelos movimentos reivindicatórios. Fora de seus conteúdos específicos, e vista sob o ângulo dos funcionamentos cognitivos ligados às categorizações e às relações intergrupos, essa evolução apresenta tendências que podem ser generalizadas a outros grupos ou comunidades.

Mas podemos abstrair dos conteúdos que dão suas imagens às discriminações, seus argumentos aos conflitos e suas motivações às ações? Recorrer aos modelos sociocognitivos centrados no funcionamento mental intraindividual apresenta um grande risco. Trata-se do risco de desvincular as pesquisas de seus contextos históricos e culturais e de perder de vista a função social dos fenômenos estudados pela Psicologia Social, cuja vocação é a de dar conta dos problemas da sociedade.

Como nós mostramos a propósito do acolhimento reservado aos doentes mentais no tecido social (JODELET,1989), a exclusão se instaura e se mantém graças a uma construção da alteridade que se faz baseada nas representações sociais que a comunicação social e mediática contribui enormemente para difundir (MOSCOVICI,1976).

Preconceitos e estereótipos se alimentam do discurso social e de sua retórica (BILLIG, 1987) para servir às forças de poder na regulação das relações entre grupos que se confrontam em situações sociais e políticas concretas. Bar-Tal (1989) demonstra a fecundidade de uma abordagem deste tipo em sua análise da "deslegitimação", modalidade de categorização da qual ele estudou os processos e os conteúdos a propósito dos conflitos que opuseram americanos e soviéticos, iraquianos e iranianos, israelenses e palestinos. Os estereótipos de deslegitimação visam a excluir moralmente um grupo do campo de normas e de valores aceitáveis, por uma desumanização que autoriza a expressão do desprezo e do medo e justifica as violências e penas que lhe infligimos.

A exclusão que hoje é objeto de políticos e de debates sociais é um fenômeno social, econômico e institucional cuja análise ressalta das ciências sociais. A parte que cabe à Psicologia Social pode parecer secundária, visto que ela se limita aos processos psicológicos, cognitivos e simbólicos que podem ou acompanhar a situação da exclusão ou dela reforçar a manutenção como racionalização, justificação ou legitimação. Mas por sua posição intersticial no espaço das ciências do homem e da sociedade, esta disciplina traz uma contribuição não negligenciável para a compreensão dos mecanismos que, na escala dos indivíduos, dos grupos e das coletividades, concorrem para fixar as formas e as experiências de exclusão.

Referências bibliográficas

ADORNO, T.W., FRENKEL-BRUNSWIK, E., LEVINSON, D.J. & SANFORD, R.N. (1950). *The Authoritarian Personality*. New York: Harper.

BAR-TAL, D., GRAUMAN, C.F., KRUGLANSKT, A.W. & STROEBE, W. (1989). *Stereotyping and Prejudice*. Nova York: Springer-Verlag.

BETTELHEIM, B. & JANOWITZ, M. (1964). *Social Change and Prejudice*. Londres: The Free. Press of Glencoe.

BILLIG, M. (1984). "Racisme, préjugés et discrimination". In: MOSCOVICI S. (ed.). *Psychologie sociale*. Paris: PUF.

BILLIG, M. (1987). *Arguing and Thinking* – A Rhetorical Approach to Social Psychology. Cambridge: Cambridge University Press.

BROWN, R. (1965). *Social Psychology*. Nova York: The Free Press.

DOISE, W. (1993). *Logiques sociales dans le raisonnement*. Neuchâtel: Delachaux-Niestle.

DOLLARD, J., MILLER, N.E., DOOB, L.W, MOWRER, O. H. & SEARS, R.R. (1939). *Frustration and Agression.* New Haven: Yale University Press.

HAMILTON, D.L. (ed.), (1981). *Cognitive Processes in Stereotyping and Intergroup Behavior.* Hillsdale: Erlbaum.

HAROCHE, C. & MONTOIA, A. (1995). "La codification des comportements et des sentiments dans la *Political Correctness*". *Revue française de science politique,* n. 46. Paris, p. 379-395.

HOVLAND, C.I. & SEARS, R.R. (1940). "Minor Studies of Agression", *Journal of Psychology,* n. 9. Paris, p. 301-310.

JODELET, D. (1989). *Folies et représentations sociales.* Paris: PUF.

LERNER, M.J. (1980). *The Belief in a Just World* – A Fundamental Delusion. Nova York: Plenum Press.

LORENZI-CIOLDI, F. (1988). *Individus dominants et groupes domines* – Images masculines et féminines. Grenoble: Presses Universitaires.

MILCRAM, S. (1974). *Obedience to Authority: an Experimental View.* Nova York: Harper & Row.

MOSCOVICI, S. (1976), *La Psychanalyse, son image et son public.* Paris: PUF.

PETTIGREW, T.F (1989). The Nature of Modern Racism in the United States. In: JACKSON, J.S. & LEMAINE, G. (ed.). *Revue internationale de psychologie sociale,* n. 2.

ROSCH, E & LLOYD, B. (eds.), (1978). *Cognition and Categorization.* Hillsdale: Erlbaum.

SEARS, D.O. (1988). "Symbolic Racism". In: KATZ, P. A. & TAYLOR, D.A. (ed.). *Eliminating Racism.* Nova York: Plenum.

TAJFEL, H. (1981). *Human Groups and Social Categories.* Cambridge: Cambridge University Press.

ZANNA, M. & OLSON, J.M. (ed.), (1994). *The Psychology of Prejudice.* Hillsdale: Erlbaum.

O ENFRAQUECIMENTO E A RUPTURA DOS VÍNCULOS SOCIAIS
Uma dimensão essencial do processo de desqualificação social*

Serge Paugam **

Introdução

Considerada intolerável pelo conjunto da sociedade, a pobreza reveste-se de um *status* social desvalorizado e estigmatizado. Consequentemente, os pobres são obrigados a viver numa situação de isolamento, procurando dissimular a inferioridade de seu *status* no meio em que vivem e mantendo relações distantes com todos os que se encontram na mesma situação. A humilhação os impede de aprofundar qualquer sentimento de pertinência a uma classe social: a categoria à qual pertencem é heterogênea, o que aumenta significativamente o risco de isolamento entre seus membros.

Muitos trabalhos são realizados, atualmente, em torno da questão da heterogeneidade dos pobres. As pesquisas produzidas na França e em outros países da Europa junto aos locatários da renda mínima de inserção e às populações assistidas resultaram, efetivamente, em conclusões similares. Num contexto econômico marcado por uma forte degradação do mercado de trabalho, o recurso à assistência se traduz por uma crescente diversificação de pobres já que estes são numerosos e oriundos de diversas categorias sociais. Neste particular convém frisar que todos passam invariavelmente pelo processo de des-

---

* Tradução: Camila Giorgetti – Doutoranda do Programa de Ciências Sociais da Pontifícia Universidade Católica de São Paulo. Revisão: Sergio Augusto de Andrade – Jornalista colaborador das Revistas Bravo e República.

** Professor Dr. da École des Hautes Études en Sciences Sociales e do Institut d'Etudes Politiques de Paris.

qualificação social – que os empurra para a esfera da inatividade – e de dependência dos serviços sociais – o que os torna comparáveis a outros pobres, cujas trajetórias são, entretanto, diferentes.

No momento em que realizei minha primeira pesquisa em Saint-Brieuc, em 1986/87, fiquei impressionado com o abrupto aumento do número de pessoas que recorriam aos serviços de assistência social para satisfazer suas necessidades. Definir sociologicamente a pobreza, a partir da relação de assistência, me pareceu então heuristicamente fecundo para a constituição de um objeto de estudos e, ao mesmo tempo, adequado para uma análise satisfatória do contexto social do fim do século.

O conceito de desqualificação social

A reflexão teórica e os resultados da pesquisa de campo me levaram a concluir que a pobreza corresponde, atualmente, muito mais a um processo do que a um estado perpétuo e imutável. Toda definição estática da pobreza contribui para agrupar, num mesmo conjunto, populações cuja situação é heterogênea, ocultando a origem e os efeitos a longo prazo das dificuldades dos indivíduos e de suas famílias. Para dar conta desse fenômeno, elaborei o conceito de *desqualificação social,* que caracteriza o movimento de expulsão gradativa, para fora do mercado de trabalho, de camadas cada vez mais numerosas da população – e as experiências vividas na relação de assistência, ocorridas durante as diferentes fases desse processo. Cumpre realçar que o conceito de desqualificação social valoriza o caráter multidimensional, dinâmico e evolutivo da pobreza e o *status* social dos pobres socorridos pela assistência.

Pode-se encontrar, na sua origem, os trabalhos de Georg Simmel do começo do século XX. Simmel publicou, em 1907, numa revista voltada para um público muito específico, um texto intitulado *Soziologie der Armut,* retomado posteriormente em 1908 com o título *Der Arme,* na sua célebre obra *Soziologie.* A análise de Simmel é, antes de tudo, teórica.

Seu objeto de estudo não é a pobreza em si, tampouco os pobres, mas a relação de assistência entre eles e a sociedade na qual vivem. Nesta acepção, trata-se de compreender as diversas maneiras pelas quais se constitui a categoria composta pelos pobres e os vínculos que a mantêm adstrita ao resto da sociedade. Segundo Simmel, "o fato de alguém ser pobre não significa que pertença a uma categoria específica de pobres. Não obstante ser um pobre comerciante, um pobre artista ou um pobre empregado, o indivíduo permanece numa categoria definida por uma atividade específica ou uma posição." Subjacente a tal informação é o fato de que "a partir do momento em que são assistidos, ou quando sua situação lhes dá direito à assistência – mesmo se ela ainda não foi outorgada – é que eles passam a participar de um grupo caracterizado pela pobreza. Este grupo não permanece unido pela interação de seus membros, mas pela atitude coletiva adotada pelo conjunto da sociedade." De modo mais explícito, Simmel afirma que "os pobres, enquanto categoria social, não são os indivíduos que sofrem de carências ou privações específicas, mas os que recebem assistência – ou os que deveriam recebê-la segundo as normas sociais. Nesse sentido, a pobreza não pode ser definida a partir de critérios quantitativos, mas a partir de reações sociais provocadas por circunstâncias específicas." A pobreza, tal como a define, é construída socialmente e relativa; seu sentido é atribuído pelo conjunto da sociedade.

A desqualificação social corresponde a uma das possíveis formas de relação entre a população designada como pobre (em função de sua dependência em relação aos serviços sociais) e o resto da sociedade. Cinco elementos permitem definir essa relação:

O primeiro é a estigmatização dos assistidos (COSER, 1965). O apelo permanente à assistência social condena a massa de pobres para carreiras específicas, alterando sua identidade e transformando suas relações com os outros num estigma. Ao ser considerada intolerável pelo conjunto da sociedade, a pobreza assume um *status* social desvalorizado. Os pobres são obrigados a viver numa situação de isolamento, procurando dissimular a inferioridade de seu *status* no meio em que vivem e mantendo relações distantes com todos os que se encontram na mesma situação. A humilhação os impede de aprofundar, desse modo, qualquer sentimento de pertinência a uma classe social.

O segundo elemento do conceito de desqualificação social nos remete ao modo específico de integração que caracteriza a situação dos "pobres". A assistência, por princípio, tem como função a regulação do sistema social (GANS, 1972). Se os pobres, pelo fato de serem assistidos, estão fadados ao status social desvalorizado que os desqualifica, eles permanecem, entretanto, membros da sociedade ao participar de seu último estrato. Nesta acepção, a desqualificação social não é sinônimo de exclusão. A situação das populações que o conceito de desqualificação social permite analisar sociologicamente resulta não apenas de uma forma de exclusão relativa, mas sobretudo de relações de interdependência entre as partes constitutivas do conjunto da estrutura social. A desqualificação social permite analisar não só a margem da sociedade, mas o processo que a mantém adstrita ao centro, tornando-a parte integrante de um todo.

O terceiro elemento reforça o caráter equívoco da noção de exclusão, que sustenta que os pobres, mesmo quando dependem da coletividade, permanecem desprovidos de possibilidades de reação. No entanto, parece-nos lícito afirmar que trata-se de indivíduos que conservam os meios de resistência ao descrédito que lhes atormenta (PAUGAM, 1996). Muitos trabalhos demonstraram que os pobres, reagrupados em bairros socialmente desqualificados, podem resistir coletivamente – ou às vezes individualmente – à desaprovação social, tentando preservar ou resgatar sua legitimidade cultural e sua inclusão no grupo (GRUEL, 1981, 1985; SELIM, 1982).

A magnitude do quarto elemento está em demonstrar que os modos de resistência ao estigma e de adaptação à relação de assistência variam conforme a fase do processo de desqualificação na qual os pobres se encontram. Os assistidos não constituem um estrato homogêneo da população. Neste particular é necessário realçar que, para a coletividade, os "pobres" constituem uma categoria bem determinada, já que incorporada pela maioria das instituições criadas para socorrê-los; é uma categoria, contudo, que não constitui um grupo social heterogêneo do ponto de vista dos indivíduos que a compõem. Para dar conta dessa heterogeneidade pode-se recorrer a uma tipologia dos modos de relação com a assistência que permite distinguir três tipos de relação com os serviços sociais – a dos frágeis (relação pontual), a dos assistidos (relação regular ou contratual) e a dos marginais (relação infra-assistencial) – sendo possível analisar para cada uma delas sete tipos de experiências vividas: *a fragilidade interiorizada, a fragilidade negociada, a assistência deferida, a assistência instalada, a assistência reivindicada, a marginalidade conjurada, e a marginalidade organizada* (PAUGAM, 1991). Tal tipologia é elaborada a partir da estratificação institucionalizada dos "pobres" realizada através da classificação das populações-alvo, através dos serviços de assistência social

– cada organismo define seu modo de intervenção em função de uma ou mais categorias da população pobre – e do sentido que os indivíduos confrontados à necessidade de recorrer a esses serviços conferem às suas experiências. Uma pesquisa complementar realizada entre 1990 e 1991 junto aos locatários de renda mínima de inserção permitiu analisar gradualmente as evoluções dessa população e a passagem de uma fase à outra desse processo (PAUGAM, 1993).

O quinto elemento originado nos trabalhos de comparação entre as formas sociais da pobreza nas sociedades contemporâneas exigiu uma definição das condições histórico-sociais do processo de desqualificação social (PAUGAM, 1996). Três fatores explicam o crescente recurso à assistência, sua principal característica: o elevado nível de desenvolvimento econômico associado a uma forte degradação do mercado de trabalho; a grande fragilidade dos vínculos sociais, em particular no que se refere à sociabilidade familiar e às redes de auxílio privado; um estado social que assegura à maioria um elevado nível de vida, cujos modos de intervenção junto às populações desfavorecidas revelam-se contudo inadaptadas. Esse processo conduz a uma crescente diversificação dos pobres, já que estes são numerosos e oriundos de diversas categorias sociais. Nesse sentido, convém frisar que a referência são desempregados expulsos gradativamente para a esfera da inatividade. Além disso, são indivíduos que passam por um processo de dependência com serviços sociais em que são comparados frequentemente a outros pobres, cujas trajetórias são diferentes.

Não há dúvida de que a amplitude desse fenômeno afetou o conjunto da sociedade ao ponto de se tornar uma "nova questão social", ameaçadora para a ordem social e para a coesão nacional. A desqualificação social é uma relação de interdependência entre os "pobres" e o resto da sociedade, que gera uma angústia coletiva, já que um número crescente de indivíduos é considerado como pertencente à categoria de "pobres" ou de "excluídos". Muitos, cuja situação é instável, temem tornar-se excluídos, pois as solidariedades familiares e as possibilidades de participação na economia informal, que permitem amortecer o' efeito do desemprego nas regiões menos desenvolvidas – como o Sul da Europa – revelam-se mais fracas e mais desorganizadas. Nesse sentido, a dependência em relação às instituições sociais é muito mais evidente nas camadas mais numerosas da população.

Propomo-nos demonstrar, nas páginas que se seguem, que o enfraquecimento e a ruptura dos vínculos sociais constituem uma dimensão essencial do processo de desqualificação social.

O enfraquecimento e a ruptura dos vínculos sociais

É sabido, através das recentes pesquisas realizadas na França sobre a condição de vida das famílias, que a precariedade da vida profissional está correlacionada com uma diminuição da sociabilidade. Os desempregados têm, invariavelmente, relações mais distantes com os membros de sua família: quanto mais precária for a situação no mercado de trabalho, maior é a possibilidade de o indivíduo não ter nenhuma relação com a família. Os homens entre 35 e 50 anos são mais atingidos do que as mulheres, tornando-se mais introspectivos; mais absortos. A experiência da precariedade profissional é, efetivamente, mais dolorosa quando atinge os indivíduos no cerne da vida ativa. Quanto maior é a precariedade profissional, menor é a possibilidade do indivíduo auferir ajuda do seu meio social[1].

A consequência disso tudo é que o risco de enfraquecimento dos vínculos sociais é proporcional às dificuldades encontradas no mercado de trabalho. Esse fenômeno explica, em grande parte, a falta de coesão social e o descontentamento dos indivíduos que moram em bairros desfavorecidos, onde o desemprego engloba grandes contingentes populacionais.

Fica claro que um "vazio social" ganhou toda a periferia e que não existe nenhum sinal de sociabilidade organizada nos bairros populares. Ao nos reportarmos às descrições dos sociólogos e etnólogos dos anos 50 e 60, constatamos que a intensidade das relações sociais nesses bairros diminuiu muito. A vida coletiva se transformou, sob o efeito das diferenciações sociais, no mundo operário: alguns grupos em ascensão mudaram de bairro, outros, ao contrário, passaram por um

---

1. A participação na vida associativa é duas vezes maior entre as pessoas que têm um emprego estável do que entre os desempregados. Cf. PAUGAM, S., ZOYEM, J-P. & CHARBONNEL, J.-M. *Précarité et risque d'exclusion en France*. Paris: La Documentation française, Coll. "Documents du Cerc", n. 109, 1993, em particular o capítulo V, "Sociabilité", cujos resultados confirmam as análises de Paul Lazarsfeld e de sua equipe, numa pequena cidade da Áustria, sobre os efeitos do desemprego nos anos 30 (*Les chômeurs de Marienthal*. Paris: Editions de Minuit, 1981, primeira edição alemã de 1931).

processo de desclassificação e empobreceram. Um número crescente de famílias não pode contar com nenhuma outra possibilidade que morar em cidades desvalorizadas. Interiorizando uma identidade negativa e adotando atitudes marcadas pela introspecção, procuram evitar seus vizinhos. É sabido como se constituem as reputações familiares; dessa forma, tudo incita a se calar e a tornar o menos visível possível as inseguranças da vida cotidiana. É digno de nota o fato de que muitos ainda têm esperança de encontrar um emprego e de mudar de bairro.

O enfraquecimento dos vínculos sociais diz respeito essencialmente às duas primeiras fases da desqualificação social – a *fragilidade* e a *dependência*. A análise das experiências vividas que se referem a essas duas fases permite compreender o processo na sua integridade. Os indivíduos despedidos que incorporam essa situação como um fracasso profissional e os que não conseguem um primeiro emprego tomam progressivamente consciência da distância que os separa da grande maioria da população e acreditam que o fracasso que os atinge é visível a todos.

Eles supõem que seus comportamentos quotidianos são interpretados como sinais de inferioridade do seu *status* e desse fracasso social. Ao explicar em público as razões de seus problemas têm a impressão que todos os enxergam como se fossem acometidos pela peste.

Quando moram em cidades de má reputação, preferem dissimular o nome do seu bairro, porque sentem-se humilhados ao serem igualados a pessoas cujo descrédito é do conhecimento de todos. Se, pela força das circunstâncias, são obrigados a pedir socorro aos serviços sociais, a inferioridade conferida por esta situação é tão insuportável que preferem manter distância dos assistentes sociais. Consideram sua necessidade de recorrer às redes de assistência como uma renúncia ao "verdadeiro" *status* social e como uma perda progressiva de identidade.

Acreditam, contudo, que não perderam todas as chances de encontrar um emprego e frequentam regularmente a Agência Nacional de Emprego, onde leem as ofertas de trabalho nos pequenos anúncios. Ao beneficiarem-se da Renda Mínima de Inserção (RMI), procuram escapar o mais rapidamente possível desse dispositivo. A RMI representa uma ajuda transitória, uma indenização para o desemprego.

Acreditam que a integração social baseia-se na atividade profissional – e que, utilizando a RMI, correm o risco de enclausurarem-se para sempre na assistência. Temem o hábito progressivo da inatividade e a renúncia total à identidade profissional. Os locatários da RMI interiorizaram o julgamento moral feito contra os "aproveitadores" dos serviços sociais. Nesse sentido, é inútil, aos seus olhos, assinar um contrato de inserção que apenas consagraria os vínculos com o mundo dos assistentes sociais e a sua dependência.

Em virtude do seu descontentamento em relação à vida social, o desempregado que se encontra nessa primeira fase da desqualificação social se fecha no espaço familiar. Sente-se tão desanimado que pode chegar a um estado de resignação total. O refluxo em direção à esfera de relações domésticas é uma maneira de escapar ao olhar dos outros. O medo e a culpa o obrigam a se esconder, a se refugiar entre os muros do espaço privado, a procurar ocupações individuais e a passar o tempo na frente da televisão. Em Saint-Brieuc, os desempregados da Cité du Point-du-Jour admitiram ter entrado em casa pelo porão para não ter que suportar o olhar dos outros no pátio ou da janela. Evitavam as pessoas e consideravam-se estranhos à vida da sua cidade.

Como a desclassificação social é uma experiência humilhante, ela desestabiliza as relações com o outro, levando o indivíduo a fechar-se sobre si mesmo. Mesmo as relações no seio da comunidade familiar podem ser afetadas, pois é difícil para alguns admitir que não estejam à altura das pessoas que o cercam. Ao falar de suas dificuldades conjugais, estabelecem uma relação etiológica entre a perda do emprego e as tensões surgidas em casa, que costumavam levar a uma separação ou a um divórcio. À desclassificação profissional soma-se uma desintegração familiar que aprofunda o sentimento de culpa. A pesquisa "Situations desfavorisées" permitiu verificar, sem se basear numa relação etiológica, que quanto mais a situação no mercado de trabalho se degrada, maior é a dificuldade, em particular para os homens, de formar um casal e de passar por uma experiência de divórcio ou separação (PAUGAM et al., 1993). Ao enfrentar tais situações, o desempregado perde rapidamente seus principais pontos de referência e atravessa uma profunda crise de identidade que, ao se prolongar, pode conduzir à dependência dos serviços sociais.

A *fragilidade* pode levar a uma fase de *dependência,* já que a precariedade profissional, particularmente quando é durável, acarreta uma diminuição da renda e uma degradação das condições de vida que pode ser em parte compensada pelos serviços sociais. A dependência representa, efetivamente, a fase onde os serviços sociais se encarregam dos problemas dos indivíduos. As pessoas que passam pelo processo de desqualificação social procuram invariavelmente os assistentes sociais, após um longo período de desânimo – com exceção dos casos em que o fracasso profissional é justificado pela deficiência física, mental ou pela invalidez.

Como todas suas tentativas revelam-se inúteis, aceitam a ideia de serem dependentes e de manterem relações com os serviços sociais para obter uma garantia de renda e de todo tipo de auxílio. Enquanto a busca de um emprego fizer parte de seus projetos, continuam mantendo distância em relação aos agentes encarregados de ajudá-las. Após terem realizado muitos estágios de formação sem sucesso, constata-se que sua esperança em se inserir no mundo do trabalho é quase nula. Quando a pesquisa citada ainda estava em sua fase incipiente, muitos locatários da RMI em situação de *fragilidade* estavam à procura de emprego – contudo declararam, um ano mais tarde, terem graves problemas de saúde que os impediam de trabalhar. Cumpre ressaltar que a entrada na fase de dependência é marcada por essa degradação da saúde. Pudemos verificar, efetivamente, que as pessoas que evoluíram dessa maneira sempre mantiveram relações regulares com os assistentes sociais e assinaram contratos de inserção. Trata-se de uma nova carreira em que a personalidade se transforma rapidamente. Elas aprendem os papéis exatos que correspondem às expectativas dos trabalhadores sociais: é a partir desse momento que começam a justificar e a racionalizar a assistência auferida. Alguns pais explicam que são assistidos apenas em benefício de seus filhos – a aceitação do *status* de assistido corresponde, nesse caso, à dedicação total da mãe de família que deseja ajudar os filhos. Outros apoiam-se na crise econômica para interpretar a assistência em termos de direitos sociais permanentes, não obstante as ajudas serem temporárias e concedidas sob condições específicas.

É digno de nota o fato de que este modo de integração permite conservar os vínculos sociais. Os indivíduos que se encontram nessa fase procuram compensar seus fracassos valorizando sua identidade.

As relações que mantêm com os assistentes sociais podem ser muito cordiais, na medida em que aceitam cooperar com eles. A assistente social pode se tornar, em alguns casos, a confidente que compreende e procura soluções apropriadas. O *status* de assistido gera, entretanto, muitas insatisfações. A renda de assistência revela-se insuficiente para pagar as taxas de condomínio, a escola e as atividades recreativas das crianças. As famílias assistidas estão sempre endividadas[2].

A ruptura dos vínculos sociais

A essa fase de dependência se segue outra, caracterizada pela *ruptura* dos vínculos sociais – cessam-se todos os tipos de ajuda, num momento em que as pessoas enfrentam problemas em todos os setores da vida. Elas saem das malhas da proteção social e deparam-se com situações em grau crescente de marginalidade, onde a miséria é sinônimo de dessocialização.

Os que passam pelo processo de *ruptura* acumulam problemas de todo tipo – o afastamento do mercado de trabalho, problemas de saúde, falta de moradia, perda de contatos com a família, etc. Esta última fase do processo de desqualificação social caracteriza-se por um acúmulo de fracassos que conduz a um alto grau de marginalização. Sem esperanças de encontrar uma saída, os indivíduos sentem-se inúteis para a coletividade e procuram o álcool como meio de compensação para a sua infelicidade. Os assistentes sociais encarregados da sua inserção constataram que o álcool e a droga constituem o maior problema para essa população.

Muitos são marcados por graves rupturas sociais no núcleo de sua vida profissional: são indivíduos para os quais o "tombo" foi brutal e severo, mas caracteriza-se também por jovens vítimas de pobreza material e espiritual. Alguns deles passaram muito rapidamente da fase da fragilidade para a última fase do processo de desqualificação social, sem mesmo ter mantido a dependência em relação com os serviços

---

2. Os poderes públicos definitam o valor da RMI não em função das necessidades das famílias pobres, mas em função do salário mínimo. Pareceu-lhes desejável para evitar um eventual efeito de desmotivação para o trabalho que o valor do primeiro seja inferior ao valor do segundo. O *status* de assistido permanece socialmente desvalorizado. Ele permite apenas evitar a extrema miséria.

sociais. A principal razão dessa marginalização precoce é a ausência de relações estáveis com a família. Para os que encontram grandes dificuldades em se inserir na vida profissional, não poder ser ajudado pelos membros de sua família constitui uma privação de uma das formas mais elementares de solidariedade.

No caso das pessoas que perderam emprego e moradia e que acumularam inúmeros problemas sociais não se trata mais de enfraquecimento, mas de ruptura dos vínculos sociais. Duas pesquisas realizadas recentemente na França pelo instituto CSA[3] com uma amostra representativa de moradores de rua permitem conhecer melhor esta população e completar as informações qualitativas obtidas até o presente. As circunstâncias que deram origem à sua situação miserável puderam ser melhor apreendidas. Os indivíduos que responderam em 1994 à questão "o que faltou na sua vida?" apontavam frequentemente dois fatores: de um lado, os problemas de emprego (46%) e, de outro, problemas de relacionamento na família (55%) – más relações com os pais (29%) e más relações com o cônjuge (26%). Muitos moradores de rua acreditam que não tiveram muita sorte e sentem-se desprovidos de vida familiar, de amor e de confiança – sentem-se, em outras palavras, afetivamente carentes.

Os resultados dessas pesquisas permitem analisar o efeito da falta de moradia, durante um longo período de tempo, na vida dos entrevistados (conferir Tabela I). Há um aumento considerável da probabilidade de ruptura dos vínculos sociais quando o indivíduo perde a moradia: quanto maior o período sem moradia, maior a probabilidade de ruptura dos vínculos sociais. Os questionários aplicados aos moradores de rua permitiram verificar algumas hipóteses. Em 1994, mais de 50% dos indivíduos que estavam sem moradia afirmavam ter confiança na família – em 1997 essa porcentagem diminuiu, corroborando a ideia de que os vínculos com a família se rompem progressivamente em função do tempo sem moradia. É importante indicar aqui um duplo efeito: ao invés de ser solidária, a família pode adotar uma atitude reticente em relação ao membro marginalizado em virtude do sentimento de desonra que ele acabou despertando nos seus familiares. O rom-

---

3. Pesquisas realizadas pelo Instituto CSA em 1995 e 1997, contando-se, a cada ano, com uma amostra de aproximadamente 300 moradores de rua.

pimento significa, nesse caso, uma maneira de evitar o descrédito. Cumpre ressaltar que muitos moradores de rua, em particular os jovens, deixaram sua família após um desentendimento ou uma série de conflitos.

O morador de rua recusa todo tipo de contato com os membros de sua família, pois não se considera capaz de corresponder às expectativas de seus parentes, preferindo isolar-se a se humilhar, indo ao seu encontro para pedir ajuda. No momento em que sua situação melhora e conseguem retomar a confiança em si mesmos, os moradores de rua reatam os laços com a sua família[4].

A confiança na polícia – indicador de integração social – eleva-se nos primeiros meses em que o indivíduo encontra-se sem moradia. Observa-se que, entre os entrevistados que estavam há menos de três meses na rua, 41% diziam ter confiança na polícia, enquanto que, entre os que estão na rua há menos de três anos, esse número diminui para 23%.

Na verdade, muitos moradores de rua – em particular os que dormem na rua ou em albergues – evitam manter contatos com a polícia, conservando, dessa forma, alguns redutos de liberdade conquistados no espaço público. Eles sabem, entretanto, que os "agentes da ordem" têm por missão conduzi-los para os albergues onde alegam serem maltratados ou coagidos a agir de acordo com a disciplina imposta. Salta aos olhos a proporção de moradores de rua que se considera bem acolhida pelos albergues nos primeiros meses em que se encontram sem moradia. Como encontram-se mal preparados para viver nas ruas e não apresentarem a mesma resistência do que os que chegaram antes, acabam reconhecendo nos albergues a solução temporária para suas dificuldades. As mulheres, sobretudo, integram-se melhor nesse tipo de estrutura, aceitando mais facilmente as pressões, já que não têm quase nenhuma chance de sobreviver nas ruas, onde a insegurança e a violência são regra. Se, de um lado, os indivíduos que se tornaram moradores de rua recentemente manifestam a sua necessidade de integração social e procuram junto aos assistentes sociais saídas para seus problemas, por outro lado os indivíduos que estão nas ruas

---

4. Entre os locatários da RMI, pudemos constatar que algumas pessoas marginalizadas e afastadas há muito tempo de sua família reataram os vínculos com seus filhos ou seus pais a partir do momento em que deixaram de auferir uma renda regular (PAUGAM, 1993).

há mais de três anos tendem a desconfiar das instituições sociais, definirem-se como marginais, sofrer com a falta de banho, o frio, e considerar como prioridade no seu quotidiano encontrar alguém com quem conversar (34%). A solidão é, muitas vezes, compensada pela companhia de um cachorro que os acompanha em toda parte. Constatou-se, na pesquisa realizada em 1997, que a crença de que um animal por perto ajude na recuperação dos ânimos, aumenta em função do tempo em que permanecem sem moradia.

Aos moradores de rua coube escolher uma entre as dez proposições arroladas no questionário – enquanto que mais de um quarto dos indivíduos que estão nas ruas há mais de três anos consideram importante a companhia de um animal doméstico, apenas 11% dos indivíduos que estavam nas ruas há menos de três anos já sentiam essa necessidade. Notemos que, paradoxalmente, a companhia de um cachorro pode provocar a marginalização, dificultando a entrada nos albergues e o contato com pessoas que se encontram na mesma situação.

24% dos que vivem nas ruas há mais de três anos sentem-se desprezados pelos demais segmentos sociais. Essa proporção diminui, contudo, para 10%, quando se trata de indivíduos que vivem nas ruas há menos de três anos. Em contrapartida, 36% destes últimos acreditam que as pessoas lhes são solidárias. Neste ponto convém frisar que essa proporção diminui vertiginosamente em função do tempo em que permanecem na rua. Finalmente, a proporção dos que esperam que a sua situação melhore daqui a dois anos diminui progressivamente em função do tempo sem moradia. Em 1994 essa porcentagem corresponde a 60% dos indivíduos que vivem na rua há menos de três meses e 24% dos que vivem nas ruas há mais de três anos. Em 1997 observou-se, entretanto, que esse número corresponde a 32% dos indivíduos que estão nessa situação há mais de três anos.

Todos esses resultados convergem indicando que a ruptura dos vínculos sociais é o resultado de um processo: a vida de um morador de rua após meses ou anos de privação parece uma fuga sem esperança, onde muitos não têm mais nada a perder. Após terem interiorizado sua condição marginal passam a procurar, antes de tudo, satisfazer suas necessidades imediatas.

Experiências vividas e atitudes dos moradores de rua segundo o tempo em que permanecem na rua sem moradia. Em %.

	<3 meses	3-6 meses	7-12 meses	12-36 meses	>36 meses	Total >12 meses	Total
1	50	50	49	42	27	34	44
2	44	39	39	37	35	36	39
3	32	29	30	28	26	27	29
4	41	37	31	25	23	24	31
5	6	6	17	12	20	16	12
6	43	42	33	39	26	32	37
7	45	57	30	30	28	29	38
8	12	8	6	8	13	11	12
9	11	13	14	14	20	18	15
10	12	8	11	18	19	18	14
11	12	13	19	22	23	13	18
12	23	20	23	23	34	30	25
13	11	15	15	16	26	22	17
14	10	20	22	22	24	22	19
15	36	26	23	25	19	22	26
16	59	43	36	54	24	37	43
17	61	61	33	38	32	35	45

Fonte: Instituto CSA, 1994,1997

Amostra representativa de 503 moradores de rua em novembro de 1994 e 515 em janeiro de 1997.

1: tem confiança na família, 1994

2: tem confiança na família, 1997

3: tem confiança na polícia, 1994

4: tem confiança na polícia, 1997

5: define-se como marginal, 1994

6: considera-se muito bem acolhido nos albergues, 1994

7: considera-se muito bem acolhido nos albergues, 1997

8: sofre por viver sempre sujo, 1994

9: sofre por viver sempre sujo, 1997

10: sofre de frio, 1994

11: sofre de frio, 1997

12: considera como prioridade no seu dia a dia encontrar alguém com quem falar, 1997

13: acredita que ter um animal doméstico ajuda a aumentar os ânimos. 1997

14: acredita que o desprezo é o que mais caracteriza a atitude das pessoas em relação aos moradores de rua, 1997

15: acredita que a solidariedade é o que mais caracteriza a atitude das pessoas em relação aos moradores de rua, 1997

16: acredita que sua situação pessoal será melhor daqui a um ano ou dois, 1994

17: acredita que sua situação pessoal será melhor daqui a um ano ou dois, 1997

O enfraquecimento e a ruptura dos vínculos sociais constituem uma dimensão essencial do processo de desqualificação social – convém notar, contudo, que existem diferenças entre os diversos países da Europa.

A análise realizada pelo Eurostat em 1994, a partir de pesquisas nacionais multidimensionais, revelou aspectos convergentes e divergentes da realidade europeia[5]. Não chegam a ser, de modo algum surpreendentes algumas das divergências apontadas: a precariedade profissional (entendida aqui como a instabilidade do emprego e o desemprego) está diretamente relacionada com o baixo índice de renda e com as más condições de moradia. Em todos os países verifica-se que é muito grande a probabilidade de que os indivíduos que possuem uma situação precária no mercado de trabalho passem a viver sem o cônjuge ou sofram um processo de separação. A instabilidade profissional e o desemprego aumentam sua dependência com as redes de solidariedade governamentais e o risco de se ter graves problemas de saúde. As divergências que se manifestam nas sociedades europeias referem-se à intensidade dos vínculos sociais. E oportuno observar que a precariedade profissional não está diretamente relacionada, em todos os países, com a diminuição da solidariedade familiar e das redes de solidariedade privadas. Na Espanha e nos Países Baixos, a relação entre os desempregados e suas famílias não é menos intensa que a relação do grupo de pessoas integradas no mercado de trabalho. Na Itália, ao contrário, a relação torna-se mais intensa. Parece-nos lícito afirmar que, nesses países, as redes de solidariedade privadas são muito densas e estendem-se a todos os que se encontram em dificuldade[6].

Por outro lado, na França, na Inglaterra e na Alemanha a instabilidade profissional e o desemprego acompanham-se de uma pobreza de caráter relacional. Conclui-se que o processo de desqualificação social é mais radical nesses países do que em outros países europeus.

Os primeiros resultados do painel das famílias europeias permitiram verificar e aprofundar esses resultados e tudo o que se refere às solidariedades familiares. Observaram-se, uma vez mais, grandes diferenças entre as pessoas que têm emprego estável e os indivíduos sujeitos ao desemprego de longa duração. Esses últimos revelam-se mais desprotegidos dos que os que estão em plena atividade, já que o sistema de indenização restringe-se muito, em função da duração do

---

5. Este trabalho faz parte de uma pesquisa sobre os indicadores não monetários da pobreza realizada pelo Eurostat com o apoio da Comissão Europeia. Muitas equipes nacionais associaram-se a esse projeto coordenado pelo Centre de Revenus et des Coûts. Cf. o artigo que contém a síntese dos principaos resultados (PAUGAM, 1996).

6. Poder-se-ia acrescentar a Dinamarca – mas o único indicador disponível para medir o auxílio privado, na pesquisa aplicada nesse país tratando da dimensão da rede de amizades, é muito diferente e mais aproximativo do que os indicadores utilizados nos outros países.

desemprego. Tomando-se em consideração a ajuda auferida por toda família, para essa categoria, obtém-se uma forma de medir a intensidade dos vínculos sociais. Os países do Sul da Europa – a Itália, a Espanha, Portugal e a Grécia – apresentam coeficientes positivos, elevados e muito significativos. A Bélgica, um coeficiente um pouco menor; a França, a Dinamarca, a Inglaterra e a Irlanda, um coeficiente inexpressivo. Essa análise coincide com a oposição entre os países do Sul e os do Norte da Europa, observada pelo Eurostat. Fica evidente o caso dos Países Baixos, cujo coeficiente é muito maior do que o dos países do Sul, embora os encargos sociais assegurados pelo Estado sejam mais significativos. Um sistema de proteção social eficaz deveria limitar as ações solidárias de cunho privado ou, ao menos, torná-las menos essenciais para a sobrevivência dos indivíduos sujeitos ao desemprego de longa duração. Esse resultado confirma, na verdade, o que já tínhamos comprovado através de outras fontes, reforçando nossa hipótese de que os vínculos sociais são mais estreitos nos países que conservam os fundamentos antropológicos de uma organização social mais comunitária. Wout Utee, sociólogo holandês que se especializou na análise dos comportamentos no mercado de trabalho, confirmou essa característica particular dos Países Baixos: os desempregados permanecem próximos de suas famílias, deslocando-se muito pouco geograficamente.

Conclusão

De modo geral, as diferenças observadas entre os países europeus apresentam muitas implicações teóricas. Como a natureza e a intensidade dos vínculos sociais diferem de um país a outro, pode-se concluir que as probabilidades de um indivíduo passar pelo processo de desqualificação social também variam. Não há dúvida de que a possibilidade de alguns países compensarem uma situação difícil no mercado de trabalho ou as dificuldades financeiras dos indivíduos através de apoios relacionais bloqueia a entrada de cada país nesse processo e a subsequente passagem de uma fase à outra. No entanto, isso não quer dizer que a lógica social que permeia o processo de desqualificação social diferencie-se conforme o contexto nacional. Ora, pode ser que a hipótese de que as fases desse processo e a diminuição da ruptura dos vínculos sociais sejam idênticas em todos os países seja verdadeira. Nesta acepção, os moradores de rua dos países do Sul da Europa teriam os mesmos problemas, viveriam as mesmas experiências e, com o passar do tempo, adotariam as mesmas atitudes que os moradores de rua de outros países.

Em contrapartida, o risco de se tornarem moradores e de se isolarem socialmente varia de um país para o outro: é digno de nota o fato de que é ínfimo o número de moradores de rua nos países do Sul da Europa.

Devem ser levadas em conta, na análise do processo de desqualificação social na Europa, as diferenças de escala. Em outras palavras, deve-se priorizar o estudo das formas qualitativas desse fenômeno, sem deixar de lado os fatores estruturais que os produzem. Ao serem constatadas certas semelhanças na análise dos comportamentos individuais de uma camada específica da população, não se deve cometer a falácia de se acreditar que o fenômeno em questão possui o mesmo significado social e que é fundamentado pelas mesmas representações coletivas. Os primeiros resultados sugerem uma natural continuidade nos estudos, concentrando a análise não somente na intensidade dos vínculos sociais das populações desfavorecidas, mas no modo de regulação dos vínculos sociais nas sociedades europeias, levando-se em consideração o desenvolvimento econômico, o papel do Estado Provedor e a vitalidade das formas informais de solidariedade. A combinação dessas três dimensões pode explicar a relação que cada sociedade mantém com as populações pobres e as características nacionais das experiências vividas durante o processo de desqualificação social. Tal orientação conduz ao estudo das *formas elementares de pobreza*, que correspondem aos tipos de relação de interdependência entre uma população designada como pobre (em função da sua dependência em relação aos serviços sociais) e o resto da sociedade.

Essa definição exclui uma aproximação estritamente substancialista dos pobres, levando-nos a pensar a pobreza em função de sua posição na estrutura social, como instrumento de regulação do conjunto da sociedade através das instituições assistenciais. Uma das formas elementares de pobreza caracteriza-se, de um lado, pela relação da sociedade com a camada da população digna de receber ajuda social e, por outro lado, pela relação dessa camada com o resto da sociedade. A situação dos pobres e suas experiências vividas assim devem ser analisadas em função dessa relação de interdependência. Cumpre ressaltar, entretanto, que esta última varia na história e de acordo com os diversos contextos socioculturais existentes.

Referências bibliográficas

ANDERSON, N. (1923). *The Hobo* – The Sociology of Homeless Man. Chicago: University of Chicago Press [trad, em francês, Paris, Nathan, 1993].

COSER L.-A. (1965). "The Sociology of Poverty". *Social Problems,* vol. 13, p. 140-148.

DAMON, J. & FIRDION, J.-M. (1996). "Vivre dans la rue: la question SDF". In: S. PAUGAM, S. (éd.). *L'exclusion, l'état des savoirs.* Paris: La Découverte, p. 374-386 [Coll. "Textes à l'appui"].

GANS, H.J. (1972). "The Positive Functions of Poverty". *American Journal of Sociology,* vol. 78, 2, sept., p. 275-289.

GRUEL, L. (1985). Conjurer l'exclusion. Rhétorique et identité revendiquée dans des habitats socialement disqualifiés, *Revue française de Sociologie,* XXVI, 3, p. 431-453.

_____ (1981). *Echos d'un village ouvrier* – Mode de vie et appropriation culturelle de l'espace à la cité d'urgence de Cleunay. Rennes: ADSEA d'Ille-et-Vilaine.

LAZARSFELD, P., JAHODA M. & ZEISEL, H. (1981). *Les chômeurs de Marienthal.* Paris: Editions de Minuit [1ère édition en allemand, 1931].

PAUGAM, S. (1996a). "Poverty and Social Disqualification. A Comparative Analysis of Cumulative Social Disadvantage in Europe". *Journal of European Social Policy,* 6(4), p. 287-303.

_____ (1996b). "Pauvreté et exclusion: la force des contrastes nationaux". In: PAUGAM, S. (ed.). *L'exclusion, l'état des savoirs.* Paris: La Découverte [Coll. "Textes à l'appui", 1996, p. 389-404].

_____ (1995). "The Spiral of Precariousness: a Multidimensional Approach to the Process of Social Disqualification in France". In: ROOM, G. (ed.). *Beyond the Treshold. The Measurement and Analysis of Social Exclusion.* Bristol: The Policy Press, p. 49-79.

_____ (1993). *La société française et ses pauvres* – L'expérience du revenu minimum d'insertion. Paris: Presses Universitaires de France [Coll. "recherches politiques", 2ème édition mise à jour 1995].

_____ (1991). *La disqualification sociale* – Essai sur la nouvelle pauvreté. Paris: Presses Universitaires de France [Coll. "sociologies", 4ème édition mise à jour 1997].

_____ (1986). "Déclassement, marginalité et résistance au stigmate en milieu rural breton". Québec, *Anthropologie et Sociétés,* vol. 10, 2, p. 23-36.

PAUGAM, S. ZOYEM, J.-P. & CHARBONNEL, J.-M. (1993). *Précarité et risque d'exclusion en France.* Paris: La Documentation française [Coll. "Documents du Cerc", n. 109].

SELIM, M. (1982). "Rapports sociaux dans un quartier anciennement industriel. Un isolât social". *L'Homme,* XXII, 4, 1982, p. 77-86.

SIMMEL, G. (1998). *Les Pauvres.* Paris: Presses Universitaires de France [Coll. "Quadrige", 1ère édition en allemand 1908 (introduction de l'édition française par S. Paugam et Franz Schultheis "Naissance d'une sociologie de la pauvreté")].

SNOW, D. & ANDERSON, L. (1993). *Down on Their Luck* – A Study of Homeless Street People. Los Angeles: University of California Press.

ROOM, G. (ed.) (1995). *Beyond the Treshold. The Measurement and Analysis of Social Exclusion.* Bristol: The Policy Press.

ROSSI, P. (1989). *Down and out in America* – The Origin of Homelessness. Chicago: The University of Chicago Press.

"A DOENÇA COMO PROJETO"
Uma contribuição à análise de formas de afiliações e desafiliações sociais*

Teresa Cristina Carreteiro

1. Exclusão social em debate

A noção de "exclusão social", na literatura especializada, tem sido tratada a partir de múltiplas perspectivas. Como consequência, na medida em que se generaliza, torna-se cada vez mais fluida e banalizada (PAUGAM, 1996). Por ser empregada em várias situações oculta a especificidade de cada uma delas (CASTEL, 1995). Estas razões nos levam a não utilizá-la neste texto e nos apoiarmos nas ideias desenvolvidas por R. Castel.

A noção de exclusão social é criticada por R. Castel que considera que a mesma enfatiza apenas os aspectos negativos voltados para a não integração de um grupo ou do indivíduo em uma categoria dada, seja ela econômica, institucional, ou outra. A noção dá autonomia as situações limites sem estudar o processo de surgimento das mesmas. Castel propõe a noção de desafiliação social que visa analisar as situações, colocando em evidência seu caráter dinâmico e dialético. Há sempre algum tipo de inserção ou de afiliação do sujeito individual ou coletivo, no interior de certas categorias e sistemas sociais.

Castel reserva o emprego da noção de exclusão unicamente para sociedades específicas as quais denomina "sociedades de exclusão", tal como as holísticas descritas por L. Dumont, caracterizadas pela pirâmide de *status* e a sacralização das tradições. Cita ainda as escravagistas, visto que mantêm uma posição de total alteridade, havendo ausência completa de direitos e de reconhecimento social.

---

* Parte deste artigo se inspira no cap. 3 (La Maladie como Project) do livro de CARRETEIRO, T.C. *Eclusion Sociale et Construction de l'Identité*. Paris: Harmattan, 1993 [Agradecemos a Fernando Feitosa pela tradução do mesmo].

Em todas as outras sociedades, que não as descritas acima, os sujeitos que pertencem a horizontes sociais ditos desfavorecidos, acabam por desenvolver formas de participação social. Dentro deste enfoque, a noção de projeto nos oferece perspectivas interessantes, como veremos a seguir.

2. Projeto uma noção em análise

O ser humano é essencialmente social, pois, como nos diz Freud, ele está sempre participando de grupos, coletivos, associações e instituições. Estes produzem ideais, desejos, sistemas de valores e de normas que atravessam os sujeitos, e se transformam muitas vezes em projetos a serem alcançados. Podemos então dizer que os projetos são sempre atuantes, tanto nos grupos (considerados em um aspecto amplo) quanto nos indivíduos. Nosso interesse, neste tópico, será retomar a noção de projeto na concepção sartreana e psicanalítica.

2.1. Perspectiva sartreana de projeto

Sartre considera que o ser humano é sempre livre, pois possui liberdade de consciência. A este respeito afirma: "a consciência não é produzida como exemplar singular de uma possibilidade abstrata, mas surge no íntimo do ser, cria e sustenta sua essência, ou seja, o agenciamento sintético de suas possibilidades" (SARTRE, 1943: 21). O ser humano vive em constante movimento para a transcendência, o que supõe um constante "vir a ser" em que se fazem presentes duas dimensões, a do "ser" e a do "não ser"[1]. O "nada" encontra-se no centro da existência e a condiciona. Pensar o ser do homem é identificar este esforço para uma ultrapassagem contínua, para uma impossível coincidência consigo próprio.

O projeto está sempre atuante na perspectiva da transcendência. Ele é o momento próprio no qual a transcendência se reafirma. Para Sartre, o projeto se apresenta continuamente de duas maneiras: "ato irrefletido", onde ele não é "objeto para si próprio, mas simples consciência não posicionada de si" e/ou como "ato voluntário", quando há

---

1. "A condição necessária para que seja possível dizer não é que o não seja uma presença perpétua em nós e fora de nós, e que o nada frequente o ser" (SARTRE, op. cit., p. 46).

o aparecimento de uma "consciência refletida" (SARTRE, 1943: 506). Pode-se dizer que em ambas as perspectivas a existência não escapa ao projeto, visto que qualquer ato humano o contém de forma implícita ou explícita. O projeto vai direcionar o ser constantemente para o futuro.

Ainda para Sartre, o projeto se coloca como um momento de integração: da subjetivação, da objetivação e da dimensão temporal, onde passado e futuro se fundem. O projeto se inscreve como afirmação do homem pela ação que ao mesmo tempo inclui lembranças da infância e escolhas amadurecidas, sendo simultaneamente uma "bruma de irracionalidade" (SARTRE, 1943: 235).

Sartre critica a psicanálise que, segundo ele, vai se referir a uma consciência inconsciente, o que em seu propósito seria absurdo. Ele sugere recorrer à psicanálise existencial, que tem como método "clarificar a escolha subjetiva pela qual cada pessoa se faz pessoa" (SARTRE, 1943: 634). É claro que a questão da escolha e da subjetividade remetem o sujeito ao centro da subjetividade, mas considero, como V. de Gaulejac (1982-1983), que "esta última só pode ser tomada em referência ao que a sustenta, seja na diacronia (história) ou sincronia (social)". Sartre radicaliza a questão da liberdade que deve ser entendida sempre entre aspas, pelo fato que está sob o domínio de um número considerável de influências que o psíquico e o social bem testemunham. Neste contexto, a liberdade se apresenta como resposta própria que cada sujeito dará, por intermédio de sua ação, às interpelações de sua existência.

No âmbito deste trabalho queremos ressaltar, seguindo a análise sartreana, ser o projeto um dos organizadores da existência ao qual o ser humano não pode escapar. Desenvolveremos este aspecto na análise do próximo item, quando nos referiremos à psicanálise.

2.2.Perspectiva psicanalítica de projeto

A noção de projeto aparece de modo implícito em todos os textos sociopsicanalíticos de Freud. Quando em Mal-estar na Civilização ele descreve que "a evolução de civilização... deve nos mostrar a luta entre Eros e a Morte, entre o instinto de vida e o instinto de destruição, tal como ela se desenvolve na espécie humana", Freud (1971: 78) apresenta uma perspectiva de desenvolvimento da civilização enquanto processo, no qual o conflito é decorrente da luta contínua entre as duas pulsões (de vida e de morte). A referência a uma dimensão de transformação nos remete à perspectiva de projeto, apesar de Freud não utilizar este termo. Não há atividade de projeto que não se reúna ao processo civilizador, que não tenha por horizonte o futuro, que não culmine em uma ação no mundo e que não deixe marcas na civilização.

A perspectiva do projeto está implícita em todo o trabalho de civilização. Sartre o apresentava como algo incontornável do qual não podemos escapar. Por sua vez a psicanalista A. Triandafillidis (1988: 261-279) estuda o projeto como um "sintoma da normalidade". Esta autora fornece elementos teóricos sobre os quais nos apoiamos para propor uma articulação entre as perspectivas psicanalítica e existencialista.

Triandafillidis analisa o projeto a partir do mecanismo de negação que conduz à instalação da clivagem do ego. Ela se refere a Freud para quem "a negação permite conciliar duas afirmações incompatíveis: aquela que emana do id, um desejo muito poderoso (de imortalidade) e aquela que emana da realidade, a evidência da própria morte. A negação permite a coexistência dessas duas incompatibilidades ao nível do ego e esta coexistência engendra a clivagem do ego". Ela continua: "Se a negação é a resposta do ego quando ele se recusa a crer em uma percepção que contradiz de modo intolerável um dos seus desejos, mas que no entanto é impossível de rejeitar totalmente, pois ela é imposta pela realidade, então a negação faz parte da vida; as situações que necessitam de negação são inerentes à vida" (TRIANDAFILLIDIS, 1988: 279). A consequência posta em evidência é que para viver-se de um modo "normal" é necessário fazer-se projetos e para tal é necessário negar a morte. Isto significa dizer que "a normalidade necessita de uma negação e da instalação da clivagem do ego... E, é porque o imprevisível da morte é uma realidade e uma ameaça real, que o projeto deve assegurar uma satisfação que, fora dele, é inacessível e inalcançável. Pode-se então concluir: o projeto é um sintoma, um sintoma da normalidade, posto que o homem normal não sabe viver sem projetos" (p. 279).

Podemos retornar a ambas perspectivas, sartreana e psicanalítica, e afirmar que o sujeito humano é criador de projetos, o que o leva a participar de sua cultura, de sua história e a ser sujeito de seu corpo. Participar de projetos, imaginá-los, sonhá-los, realizá-los, elaborá-los, destruí-los, abandoná-los representa laborar na construção da civilização. Porém, tal participação é experimentada diferentemente pelos sujeitos (individual ou coletivo), pois ela inclui elementos do lugar social ocupado pelos mesmos. Toda participação evoca um sujeito em situação, sendo sua conduta e escolhas reveladoras de sua maneira de estar sendo. Nenhuma escolha pode escapar à evidencia de ser "escolha em situação", incluindo dimensões sócio-psico-históricas. As escolhas sempre se realizam em um campo de possibilidades que podem ter diferentes níveis de abertura e de fechamento.

Entre as dimensões da escolha encontramos também a pulsional (no sentido psicanalítico) de vida e de morte. Se o projeto é o elemento de ligação entre o tempo atual (incluindo o passado) e o futuro, elaborado pela negação, como nos mostrou Triandafillidis, ele é igualmente trabalhado em diversos níveis (individual, coletivo, institucional, civilizador) pelas pulsões. O imbricamento destas várias dimensões, conjuntamente ao trabalho pulsional, vai proporcionar modos de construções projetivas, bastante diferenciados, quando estudarmos coletivos ou trajetórias individuais.

Se seguirmos as construções teóricas de Castoriadis (1975), podemos dizer que há projetos mais marcados pela tendência à autonomia, em cujas construções sobrepuja um movimento criativo, novo. Há ainda aqueles onde a vertente heterônoma é mais evidente, onde se sobressai a reprodução. Empregando-se as referências psicanalíticas, pensamos que no primeiro movimento haverá uma prevalência da pulsão de vida, havendo a criação de vínculos que propiciam o amor no sentido de união, de formação de vínculos originais. Contrariamente, no segundo movimento prima o ataque aos vínculos sociais, havendo um trabalho de destruição ou de desgaste dos mesmos.

Resta analisar como em situações concretas de existência, tais formulações podem ser empregadas. Analisaremos a posição de sujeitos que vivem na sua relação com as instituições de afiliações sociais fracas.

3. Projeto de sobrevida e afiliações sociais

A maior parte das sociedades modernas tem no Estado o organismo principal de criação e de regulação de mecanismos que visam a integração social. O Estado, por sua vez, faz com que a participação concreta dos indivíduos na vida coletiva se realize e seja, primordialmente, reconhecida através de dois eixos: trabalho e proteção social (SCHNAPPER, 1996). Ambos podem apresentar níveis de vinculação diferentes. A política social praticada na maioria dos países industrializados, que se reclamam do Estado-protetor, tem programas sociais permanentes e não unicamente ligados à condição de cidadão trabalhador[2], apesar da relação ao trabalho ser preponderante para definir a identidade social. No entanto, no Brasil as duas dimensões (trabalho e proteção social) estão estreitamente articuladas. A maioria efetiva dos direitos sociais vincula-se à condição de ser trabalhador[3].

Quanto mais os sujeitos sociais estão inseridos na sociedade, mais eles se inscrevem de modo consistente em ambos os eixos. O contrário é igualmente verdadeiro, quanto mais o sujeito se distancia destes eixos, mais ele pode viver formas de desafiliações sociais.

Voltemos nossa atenção às pessoas que vivem em meios sociais desfavorecidos. Elas permanecem à margem das grandes dimensões institucionais (educação, saúde, trabalho) ou se beneficiam minimamente das mesmas. Isto significa dizer que mantêm posições sociais frágeis, podendo facilmente perder o lugar que ocupam no interior destas dimensões. A sociedade, as inserindo ou na zonal franjal, ou nas migalhas institucionais de seus projetos, contribui para a criação de um lugar social desvalorizado, portador de sofrimento. Muitas vezes estes sujeitos sentem-se pertencendo à categoria de "extranumerarios" (CASTEL, 1995) ou "normais inúteis" (Donzelot). Há então a projeção para a esfera da subjetividade da inutilidade, do não reconhecimento da potencialidade do sujeito para participar da vida coletiva e integrar-se aos valores sociais considerados positivos. A sensação de inutilidade se apresenta seja difusa, como um malestar, seja de modo claro, sendo objeto de representações explícitas. Mas ela é sempre geradora de sofrimento psíquico, o qual, por ter uma raiz social, deve ser considerado sofrimento social.

Este tem modos de construção diferenciados:

a) pode ser fruto de um processo de não reconhecimento social que se traduz por uma representação de inutilidade aos olhos da sociedade de produção;

---

2. A este sujeito: "L'Etat dans le monde en mutation". Rapport sur le développement dans le monde 1997, Banco Mundial.

3. O artigo de ABRANCHES, S.H. "Política social e combate a pobreza" (in: Política social de combate à pobreza. Rio de Janeiro: Zahar, 1987) a este propósito é bastante ilustrativo.

b) pode ser o resultado do receio de perder a condição de "trabalhador", podendo passar paulatinamente, no futuro, à esfera da "inutilidade";

c) pode ser fruto da prática de trabalhos que não levam a uma valorização social, mas a um desgaste constante do corpo[4], que passa a ser representado pela metáfora da máquina, a qual fica "desgastada", "cansada", "velha".

Tais construções podem surgir isoladas ou unidas. Porém, o sofrimento não encontra um lugar institucional que possa reconhecê-lo no interior da esfera da proteção social. Esta só confere um lugar à subjetividade dentro de duas perspectivas: corpo são, corpo doente, o que acarreta dizer que o sofrimento social, para obter reconhecimento institucional, o faz através da doença. Tal reconhecimento, quando ocorre, produz um deslizamento do sofrimento social para o individual. Esta passagem indica que as categorias institucionais ignoram formas de mal-estar que não sejam etiquetadas como doença.

Estes modos de referir-se ao corpo podem encontrar sintonia em certas produções de representações das classes trabalhadoras, as que vivenciam as atividades de trabalho como a resultante da força física. O "corpo são" é valorizado positivamente, pois significa uma potencialidade, a de poder converter-se em capital. A metáfora do "corpo-capital" pode inscrever-se em uma malha possível de reconhecimento na qual o olhar do outro, e principalmente o das instituições, tem um papel preponderante. O corpo é representado de forma mais negativa quando ele se encontra na impossibilidade de se representar como capital, o que inclui perder o reconhecimento institucional.

Para sujeitos que pertencem a categorias que têm um acúmulo de desafiliações sociais (habitação, educação etc.), muitas vezes o nível "trabalho legalizado" é o único que lhes possibilita manter atuante um vínculo operatório com a cidadania. Neste sentido eles encontram no corpo doente um modo de ter a cidadania reconhecida, ao experimentarem grande sofrimento de origem social. Esta passagem do mal-estar para a doença, se por um lado encontra reconhecimento institucional, por outro, busca calar as angústias do sofrimento de origem so-

---

4. Sobre este assunto o livro de Alba Zaluar: *A máquina e a revolta*. Rio de Janeiro: Brasiliense, 1994.

cial. O aspecto social fica abafado e o que sobressai é o individual; não é mais o sofrimento gerado na esfera social que aparece, mas o indivíduo doente.

Pode-se dizer que as instituições podem oferecer aos indivíduos "projetos-doença" e estes podem aceitá-los para ter legitimada a cidadania e certas condições de sobrevida. Quando isto ocorre as instituições estão sendo mais trabalhadas pelo imaginário heterônomo, ou seja, pelas pulsões mortíferas que desqualificam a força dos sujeitos. Estes, aceitando o "projeto-doença", escapam da possibilidade de serem considerados como "extranumerários". Se passam a ser incluídos no sistema de seguridade, como pertencendo ao seu disfuncionamento, é para continuar a fazer parte do mesmo.

O conjunto deste processo implica dizer que tanto o sujeito como a Instituição de Seguridade Social estão colocando em ato um projeto de afiliação social. Não obstante, não se pode afirmar que o mesmo seja trabalhado pela pulsão de vida, mas sim por uma pulsão de subsistência. Esta visa manter uma posição que protege minimamente a sobrevida ao mesmo tempo que não cria formas de ataque aos vínculos sociais, provocadoras de situações destrutivas. Podemos afirmar que tal projeto, que inclui um modo de afiliação social, é também gerador de sofrimento. Se ele consolida a participação institucional do sujeito, ele o faz a partir de sua doença, de seu disfuncionamento.

Em conclusão, queremos ressaltar a importância da noção e desafiliação que coloca em evidência o caráter dialético envolvido nas situações sociais precárias. O projeto, no caso estudado, mostra seu paradoxo: a medida que tange a sobrevida revela seu sofrimento.

Referências bibliográficas

CASTEL, R. (1995). *Les Pièges de l'exclusion*. In: *Lien Social et Politique* – Riac, 34, Ecole de Service Social, Université de Montréal.

CASTORIADIS, C. (1975). *L'Institution Imaginaire de la Société*. Paris: Seuil.

FREUD, S. (1971). *Malaise dans la Civilisation*. Paris: PUF, p. 78.

GAULEJAC, V. (1982-1983). *Irréductible Social* – Irréductible Psychique. In: *Bulletin de Psychologie*, n. 360, Tome XXXVI.

PAUGAM, S. (org.) (1996). *L'Exclusion, Etat des Savoir*. Paris: Découverte, 1996.

SARTRE, J.P. (1943). *L'Être et le Néant*. Paris: Gallimard, p. 21.

SCHNAPPER, D. (1996). *Intégration et Exclusion dans les Sociétés Modernes*. In: Exclusion, l'Etat des Savoirs. Paris: Découvertes, p.23-32.

TRIANDAFILLIDIS, A. (1988). *Le projet: symptôme de la normalité?* In: *Psychanalyse à l'Université*. Paris: Tome 13, abril, p. 261-279.

O SOFRIMENTO ÉTICO-POLÍTICO COMO CATEGORIA DE ANÁLISE DA DIALÉTICA EXCLUSÃO/INCLUSÃO

*Bader Burihan Sawaia**

> *"A linha que separa o bem do mal não passa pelo Estado, nem entre classes, tampouco por partidos políticos, mas exatamente em cada coração humano, e por todos os corações humanos".*
>
> (Soljenitsin)

A defesa da tese contida no título acima é realizada, no presente texto, em três etapas: na primeira, justifica-se a opção pela afetividade e em especial pelo sofrimento para estudar a exclusão; a segunda explica a qualificação desse sofrimento de ético-político e a terceira, a opção pela expressão dialética exclusão/inclusão. Por último, apresentam-se reflexões sobre a pesquisa e a prática da Psicologia Social frente à exclusão, orientadas pela citada tese.

O sofrimento ético-político foi escolhido como guia analítico da dialética exclusão/inclusão, seguindo a recomendação feita por Souza Santos (1997) às ciências humanas para usarem categorias desestabilizadoras na análise das questões sociais, capazes de criar novas constelações analíticas que conciliam ideias e paixões de sentidos inesgotáveis.

A ciência sempre avançou pela dúvida e pelas perguntas, as quais mudam de qualidade nos diferentes contextos históricos. Hoje, a novidade é que elas não são mais feitas para obter informações e sim por excesso de conhecimento; por isso, as perguntas que fazem avançar o conhecimento, as quais Souza Santos (1997: 117) denomina de "interrogações poderosas", são as contra-hegemônicas, com capacidade de penetrar nos pressupostos epistemológicos e ontológicos do saber constituído, como as indagações que unem ciência e virtude, introduzindo a ordem do valor e da ética nos conceitos científicos.

Esta perspectiva epistemológica supera o uso moralizador e normatizador de conceitos científicos que culpabilizam o indivíduo por

---

* Doutora em Psicologia Social. Professora do Departamento de Sociologia da PUCSP e do Pós-Graduação da PUCSP e da EEUSP.

sua situação social e legitimam relações de poder, apoiados no princípio da neutralidade científica[1].

Uma estratégia para tanto seria, na minha opinião, a de recuperar conceitos discriminados pelas ciências nas análises das questões sociais, e de perguntar por que eles foram excluídos ou classificados no rol do patológico e da desordem.

Adotando-se esse recurso, inevitavelmente depara-se com a afetividade[2], a qual, quando não é desconsiderada, é olhada negativamente como obscurecedora, fonte de desordem, empecilho para a aprendizagem, fenômeno incontrolável e depreciado do ponto de vista moral. Esses atributos, que se cristalizaram em torno da afetividade ao longo da história das Ciências Humanas, recomendam-na como conceito desestabilizador da análise psicossocial da exclusão. Uma vez olhada positivamente, a afetividade nega a neutralidade das reflexões científicas sobre desigualdade social, permitindo que, sem que se perca o rigor teórico-metodológico, mantenha-se viva a capacidade de se indignar diante da pobreza.

Perguntar por sofrimento e por felicidade no estudo da exclusão é superar a concepção de que a preocupação do pobre é unicamente a sobrevivência e que não tem justificativa trabalhar a emoção quando se passa fome. Epistemologicamente, significa colocar no centro das reflexões sobre exclusão a ideia de humanidade e como temática o sujeito e a maneira como se relaciona com o social (família, trabalho, lazer e sociedade), de forma que, ao falar de exclusão, fala-se de desejo, temporalidade e de afetividade, ao mesmo tempo que de poder, de economia e de direitos sociais.

A exclusão vista como sofrimento de diferentes qualidades recupera o indivíduo perdido nas análises econômicas e políticas, sem perder o coletivo. Dá força ao sujeito, sem tirar a responsabilidade do Estado. É no sujeito que se objetivam as várias formas de exclusão, a qual é vivida como motivação, carência, emoção e necessidade do eu.

---

1. Um exemplo de conceito sutilmente excludente é a díade ego e alter ego, que pressupõe que o outro não tem identidade a qual só é defenida em relação à do ego.

2. Afetividade é, aqui, entendida como a tonalidade e a cor emocional que impregna a existência do ser humano e se apresenta como: 1) sentimento: reações moderadas de prazer e desprazer, que não se refere a objetos específicos. 2) Emoção, fenômeno afetivo intenso, breve e centrado em fenômenos que interrompem o fluxo normal da conduta.

Mas ele não é uma mônada responsável por sua situação social e capaz de, por si mesmo, superá-la. É o indivíduo que sofre, porém, esse sofrimento não tem a gênese nele, e sim em intersubjetividades delineadas socialmente.

Dessa forma, se os brados de sofrimento evidenciam a dominação oculta em relações muitas vezes consideradas como parte da natureza humana, o conhecimento dos mesmos possibilita a análise da vivência particular das questões sociais dominantes em cada época histórica, em outras palavras, da vivência do mal que existe na sociedade. Estudar exclusão pelas emoções dos que a vivem é refletir sobre o "cuidado" que o Estado tem com seus cidadãos. Elas são indicadoras do (des)compromisso com o sofrimento do homem, tanto por parte do aparelho estatal quanto da sociedade civil e do próprio indivíduo.

Sem o questionamento do sofrimento que mutila o cotidiano, a capacidade de autonomia e a subjetividade dos homens, a política, inclusive a revolucionária, torna-se mera abstração e instrumentalização. Essa ideia é defendida por Bourdieu em seu último livro (1998), onde propõe a substituição da economia de visão curta pela economia da felicidade. Segundo ele, é preciso combater a tecnocracia econômica, trazendo à tona o conhecimento dos homens, de seu cotidiano e de seu sofrimento.

Cabe à Psicologia Social colaborar com o avanço desse conhecimento, pois afinal de contas esta é sua área de competência, o que não significa simplesmente introduzir a emoção como tema de pesquisa e de reflexão. Dado o papel que tem sido atribuído a esse conceito no corpo teórico-metodológico da Psicologia, que é o de personagem coadjuvante e má, é preciso mudar sua perspectiva analítica.

Daí a opção do presente texto em refletir a exclusão a partir da afetividade, e de qualificá-la de "ético-política" para marcar um enfoque epistemológico e ontológico, que será desenvolvido a seguir.

Sofrimento ético-político

Heller, Espinosa e Vygotsky são os autores que inspiraram e subsidiaram tal opção. Eles oferecem referenciais analíticos que superam os vícios clássicos presentes na análise psicossocial da afetividade: o de concebê-la negativamente, como antagônica à razão e à ordem, o de considerá-la um fenômeno contingente, produto da linguagem ou da cultura, ou, ao contrário, um fenômeno biológico, uma substância dura que se manifesta ao ser provocado por estímulos exteriores.

Os autores acima citados concebem a emoção positivamente, como constitutiva do pensamento e da ação, coletivos ou individuais, bons ou ruins, e como processo imanente que se constitui e se atualiza com os ingredientes fornecidos pelas diferentes manifestações históricas. Portanto, um fenômeno objetivo e subjetivo, que constitui a matéria-prima básica à condição humana.

Não é por acaso que a principal obra de Espinosa, a *Ética,* é um tratado das emoções. Nela, para discutir democracia e liberdade, ele reflete sobre paixão.

O problema que o afligia e o levou a estudar os afetos foi o de entender porque os homens, em sua maioria, aceitam sacrificar a vida e os bens próprios por monarcas e autoridades ambiciosos, indo contra seus interesses para melhorar os outros. Sua hipótese é a de que a paixão constitui caminho à compreensão e ao combate da servidão e da tirania, pela sua positividade, pois ela é base da ética, da sabedoria e da ação coletiva democrática, tornando-se negativa, quando associada à ignorância e à superstição.

Segundo Espinosa, a superstição é condição imediatamente política, que constitui a base da legitimidade de um governo corrupto (NEGRI 1993: 172), sendo o medo e as condições políticas de desigualdade e de dominação as causas que geram, mantêm e favorecem a superstição: "Se os homens pudessem resolver todos os seus assuntos, segundo um desígnio definido ou ainda se a sorte sempre lhes fosse propícia, eles nunca seriam prisioneiros da superstição" (ESPINOSA, 1988: 5).

Ao introduzir as emoções como questão ético-política, obrigam-se as ciências humanas em geral e a Psicologia Social em especial a incorporar o corpo do sujeito, até então desencarnado e abstrato, nas análises econômicas e políticas.

O homem não existe sem o corpo, o qual, segundo Espinosa, é da mesma substância da mente. A mente está no corpo todo e dele deriva. Alma é ideia de seu corpo, é ideia de si a partir da ideia de seu corpo. O desejo, como expressão consciente do apetite, será passional juntamente com seu corpo e ativo juntamente com ele. Corpo e alma são ativos ou passivos juntos e por inteiro. O corpo não comanda a alma ou vice-versa. "A alma vale e pode o que vale e pode seu corpo. O corpo vale e pode o que vale e pode sua alma", frase de Chauí, referindo-se à ligação profunda que Espinosa estabelece entre corpo e alma (1995: 66).

"Por afetos, entendo as afecções do corpo pelas quais a potência de agir desse Corpo é aumentada ou diminuída, secundada ou reprimida e ao mesmo tempo as ideias dessas afecções" (Espinosa, 1957: 144).

Corpo é matéria biológica, emocional e social, tanto que sua morte não é só biológica, falência dos órgãos, mas social e ética. Morre-se de vergonha, o que significa morrer por decreto da comunidade.

O corpo é imaginante e memorioso (ESPINOSA, 1957, livro II), de forma que sua afecções atuais são originadas na interação de nosso corpo com outros corpos, no passado e no presente e estão presentes na mente na forma de imagens, emoções e ideias.

"No podemos escapar a la realidad de nuestra intersubjetividad corporal. Todas aquellas interacciones con otros cuerpos, de las que ignoramos su existência, su naturaleza y su impacto causal en nosotros mismos, que son, no obstante, depositadas y conservadas en la estructuctura de la imaginacion humana en la estructuctura de carácter que llamamos nuestro 'yo', en forma de una imagem de identidad autosubsistente ligada a emocion o afeto dei momento", afirma Brown, referindo-se ao livro II e III da Ética (1995: 169).

Em síntese, Espinosa apresenta um sistema de ideias onde o psicológico, o social e o político se entrelaçam e se revertem uns nos outros, sendo todos eles fenômenos éticos e da ordem do valor.

A dimensão ética da ontologia e da epistemologia é enfatizada também por Heller, filósofa neomarxista da escola de Budapeste, e leitora de Espinosa, o qual é bastante citado em suas obras.

Suas reflexões sobre o psicológico como ético e sobre a emoção e as necessidades como fenômenos ideológicos e orientativos da vida em sociedade constituem referência fundamental do presente texto (HELLER, 1979, 1985, 1997).

Na defesa dessas teses, Heller distingue dor de sofrimento (1979: 313-315). Dor é próprio da vida humana, um aspecto inevitável. É algo que emana do indivíduo, das afecções do seu corpo nos encontros com outros corpos e diz respeito à sua capacidade de sentir, que para ela equivale a estar implicado em algo ou, como analisa Espinosa, de ser afetado.

O sofrimento é a dor mediada pelas injustiças sociais. É o sofrimento de estar submetida à fome e à opressão, e pode não ser sentido como dor por todos. É experimentado como dor, na opinião de Heller, apenas por quem vive a situação de exclusão ou por "seres humanos genéricos" e pelos santos[3], quando todos deveriam estar sentindo-o, para que todos se implicassem com a causa da humanidade.

Seu texto sobre o poder da vergonha (1985) é um exemplo de análise política da exclusão através do conceito de afetividade. A vergonha e a culpa são apresentadas como sentimentos morais generativos e ideologizados com a função de manter a ordem social excludente, de forma que a vergonha das pessoas e a exploração social constituem as duas faces de uma mesma questão.

Por serem sociais, as emoções são fenômenos históricos, cujo conteúdo e qualidade estão sempre em constituição. Cada momento histórico prioriza uma ou mais emoções como estratégia de controle e coerção social. No século passado, predominou a vergonha do olhar do outro, que exigia a expiação pública. Hoje, a culpa tende a substituir a vergonha, mudando o caráter da expiação, de pública à individual e privada. "Nas sociedades atuais, a possibilidade de ação permitida ao homem e ao pensamento determinados por elas produzem e fixam sentimentos particularistas, perpetuam e reproduzem a alienação dos sentimentos e o caráter de certos afetos" (HELLER, 1985: 13).

Vygotsky é outro autor que inspirou a opção pelo sofrimento e a sua qualificação de ético-político, como categoria de análise da exclusão. Sua grande preocupação teórica foi a de buscar uma unidade de análise do comportamento humano capaz de incluir todas as manifestações psicológicas, das mais elementares às mais complementares. Essa unidade analítica, segundo ele, é o significado, o qual desempenha papel importante na interligação das diferentes funções psicológicas e destas com o corpo e a sociedade (VYGOTSKY, 1993: 20).

O significado é o princípio organizador de desenvolvimento da consciência, é inseparável da palavra (embora não idêntico a esta).

---

3. Segundo Heller, ser humano genérico é o que não se deixa enredar pelo corporatismo de qualquer ordem e se aproxima da humanidade, sentindo como bem maior o ser humano.

Como componente da linguagem, concentra em si as riquezas do desenvolvimento social de seu criador – o povo e, como palavra, vive na comunicação.

Ele reflete que a emoção e o sentimento não são entidades absolutas ou lógicas do nosso psiquismo, mas significados radicados no viver cotidiano, que afetam nosso sistema psicológico pela mediação das intersubjetividades. Os processos psicológicos, as relações exteriores e o organismo biológico se conectam através das mediações semióticas, configurando motivos, que são estados portadores de um valor emocional estável, desencadeadores da ação e do pensamento.

No seu livro *Pensamento e linguagem* (1993a), Vygotsky enfatiza que o cérebro reage às ligações semânticas e não apenas às neurológicas. Pode-se inferir desta afirmação que as substâncias responsáveis pela funções do cérebro que promovem a emoção e harmonia dos movimentos, as quais, hoje, são denominadas de neurotransmissores, como a serotonina e a dopamina, são da ordem do simbólico. O significado penetra na comunicação neurobiologica levando o homem a agir, não em resposta a uma estrutura e organização biológica, mas a uma ideia[4].

É preciso destacar que, na concepção de Vygotsky, o significado é fenômeno intersubjetivo, portanto, social e histórico, que se reverte em ideologia e funções psicológicas distintas, "apesar de que nele permanece certa raiz biológica, em virtude do qual surgem as emoções" (Vygotsky 1993: 127). Além desses autores[5], inúmeros fatos históricos podem ser citados para justificar a escolha do conceito de sofrimento ético-político, como o "banzo", doença misteriosa que matava o negro escravo brasileiro.

Ela é emblemática deste conceito, por indicar que um sofrimento psicossocial pode redundar em morte biológica. O banzo é gerado pela tristeza advinda do sentimento de estar só e humilhado, por causa de ações legitimadas pela política de exploração e dominação econômica internacional daquele momento histórico (SAWAIA, 1994). Este mesmo sofrimento, mais recentemente, é responsável pela elevação do número de suicídio entre jovens índios de diferentes tribos brasileiras.

---

4. O mesmo foi afirmado por Freud, segundo o qual o corpo não **é** orgânico, mas erógeno, carregado de significado.

5. La Boetie também insprirou a nossa opção pela categoria de sofrimento ético-político no estudo da exclusão, com suas reflexões sobre a "servidão voluntária" apoiada no costume.

A literatura é fonte de dramáticos exemplos de sofrimento ético-político, e de como ele varia historicamente, de acordo com a mediação priorizada no processo de exclusão social: raça, gênero, idade e classe. A personagem Ana Karenina do romance homônimo de Tolstoi exemplifica o sofrimento ético-político mediado especificamente pelo gênero, isto é, um sofrimento imposto pela normas disciplinadoras do comportamento feminino, cuja expiação só foi possível pela morte. Já o personagem Riobaldo de *Grande sertão* – Veredas, de Guimarães Rosa, tem uma frase exemplar para retratar o sofrimento provocado pela exclusão genérica, onde se entrecruzam, além do gênero outras mediações legitimadoras da desigualdade social como a classe e a raça: "Eu tinha medo do homem humano".

Em síntese, o sofrimento ético-político abrange as múltiplas afecções do corpo e da alma que mutilam a vida de diferentes formas. Qualifica-se pela maneira como sou tratada e trato o outro na intersubjetividade, face a face ou anônima, cuja dinâmica, conteúdo e qualidade são determinados pela organização social. Portanto, o sofrimento ético-político retrata a vivência cotidiana das questões sociais dominantes em cada época histórica, especialmente a dor que surge da situação social de ser tratado como inferior, subalterno, sem valor, apêndice inútil da sociedade. Ele revela a tonalidade ética da vivência cotidiana da desigualdade social, da negação imposta socialmente às possibilidades da maioria apropriar-se da produção material, cultural e social de sua época, de se movimentar no espaço público e de expressar desejo e afeto (SAWAIA,1995).

Seu contraponto é a felicidade pública, que é diferente do prazer e da alegria. Estes últimos são emoções imediatas e contingentes, manifestações do que Heller define como dor, circunscritas ao instante de sua ocorrência, e aparecem como flashs na vivência do sofrimento ético-político, sem alterar-lhe a qualidade. O sofrimento ético-político e a felicidade pública não se tornam fim em si mesmo, encontrando em si próprio, pelo ensimesmamento, a satisfação, como ocorre com a dor e a alegria.

Para esclarecer a distinção do sofrimento e felicidade de dor e sofrimento tomemos como exemplo as emoções vivenciadas por participantes de movimentos sociais. Todos sentem alegria e prazer com a conquista das reivindicações, mas nem todos sentem a felicidade pública. Esta é experienciada apenas pelos que sentem a vitória como conquista da cidadania e da emancipação de si e do outro, e não apenas de bens materiais circunscritos. A felicidade ético-política é sentida quando se ultrapassa a prática do individualismo e do corporativismo para abrir-se à humanidade.

Simone Weil e Hanna Arendt também fazem essa distinção. Arendt (1988) distingue essas duas dimensões afetivas ao refletir sobre compaixão e piedade. A compaixão é sofrimento que nos faz voltar à ação social, pode adquirir um caráter público e unificar os homens em torno de um projeto social. A piedade é a paixão pela compaixão, é sentimento que encontra em si mesmo o seu próprio prazer, aprisionando o homem ao seu próprio sentimento[6].

Weil descreve de forma emocionada o sofrimento ético-político, distinguindo-o da dor que todos sentem, ao relatar sua vivência como operária: "Estando na fábrica... a infelicidade dos outros entra na minha carne e na minha alma... Eu recebi a marca da escravidão (1979: 120).

Na sua fala, fica claro que a emoção vivida não diz respeito ao eu individual, mas ao sofrimento do excluído, portanto, aos fundamentos da coesão social e da legitimidade social. Ela revela o sofrimento pela consciência do como a lógica excludente (a qualidade das formas de produção e distribuição da riqueza e dos direitos humanos) opera no plano do sujeito e é amparada pela subjetividade assim constituída.

De acordo com essas reflexões, conhecer o sofrimento ético-político é analisar as formas sutis de espoliação humana por trás da aparência da integração social, e, portanto, entender a exclusão e a inclusão como as duas faces modernas de velhos e dramáticos problemas – a desigualdade social, a injustiça e a exploração.

Aqui cabe um alerta sobre o perigo que ronda a análise e a prática do enfrentamento da exclusão pela afetividade, mas que paradoxalmente reafirma ser mais necessária que nunca a introdução da mesma na análise das questões sociais e da prática emancipadoras.

Uma das ideias-força deste momento histórico é a subjetividade e seus correlatos, a emoção e o sentido pessoal. Porém, ao mesmo tempo que se valoriza o afeto e a sensibilidade individual, assiste-se à banalização do mal do outro, a insensibilidade ao sofrimento do outro. O

---

6. Rollas de Brito (1999) desenvolve essa reflexão de Arendt e a utiliza como mediação teórica na análise das emoções que emergem na esfera pública do sindicato.

que ocorre é que os sentimentos são valorizados como fonte de satisfação em si mesma, configurando uma dor e não um sofrimento. Vivemos a utopia da sociedade e do corpo perfeitos e o enaltecimento das emoções. O avanço fantástico da tecnobiologia e da neurociência decretou o fim da velhice e da tristeza, mas, em lugar de potencializar o corpo e os afetos, instrumentalizou-os. Saúde e felicidade são mercadorias compradas em prateleiras, sob receita médica. A tristeza, eliminada pelo ombro amigo é substituída pela angústia biológica, curada na solidão do indivíduo com ele mesmo. Estamos viciados em livros de autoajuda, esoterismo, malhação. Falamos livremente de nossa intimidade a desconhecidos, valorizamos o tocar, a relação íntima, a exposição do corpo e do "eu", mas esse corpo e esse eu são desencarnados, insensíveis ao outro. Sem o perceber, em nome da liberação das emoções e do exercício da sensibilidade, estamos, sutilmente, formatando e despotencializando nosso "conatus"[7] e aceitando velhos argumentos higienistas, morais e racionais, que só modernizaram sua roupagem. Também, com a ênfase no próprio "eu", desencarnado e solitário, estamos nos afastando das questões públicas, nos mobilizando apenas, enquanto multidão, pelo evangelho e pela música pop[8].

A referência ao sofrimento e à felicidade ético-política é a negação desta afetividade narcísica do final do milênio. Ela remete à utopia socialista do início do século XIX, onde significava a procura de uma outra gestão da tensão entre razão e paixão, entre indivíduo e comunidade, entre desejo e dever. "Fiador do laço ameaçado pela razão calculadora, o direito à felicidade, cuja realização orienta os desejos e as paixões múltiplas, torna-se a medida com a qual se julga uma política que sacrifica o justo ao eficaz, e que vê na multiplicidade humana apenas um perigo mortal, e não um potencial inexplorado de possibilidades sociais não realizadas (VARIKAS,1997: 63).

---

7. Segundo Espinosa, conatus representa a força que constitui o desejo e está presente em todas as coisas. É o impulso vital, esforço de resistência, de apropriação e afirmação que leva as coisas a perseverarem no próprio ser (ESPINOSA, 1957, *ÉTICA*, livro III, pro. VI, GII, p. 141).

8. Essa denúncia é feita por Felinto, M., em artigo na *Folha de S. Paulo* "Porque só o evangelho e a música pop mobilizam o povo?, Caderno Cidade, 04/06/99.

Dialética exclusão/inclusão

Para explicar a opção pela expressão dialética exclusão/ inclusão, vou partir da crítica que Baudrillard faz às oposições conceituais redutoras na análise das diferenças entre homem e mulher, louco e normal (1997: 132-3), afirmando que elas não são diferentes no interior de uma mesma escala de valores, não são sólidas em uma ordem imutável e em uma circularidade como aquela do dia e da noite [...]. São reversíveis entre si, mesclando-se, substituindo-se e configurando-se, apenas, na relação. E mais, "as oposições paradigmáticas não são apenas instrumentos de uma análise semiológica do mundo dos objetos, mas discriminantes sociais, traços não só formalmente distintos, mas socialmente distintivos" (1995: 31).

As reflexões de Foucault servem de referência teórica à concepção de exclusão como processo dialético de inclusão. Sua obra é uma brilhante argumentação em favor da ideia de que a inclusão social é processo de disciplinarização dos excluídos, portanto, um processo de controle social e manutenção da ordem na desigualdade social. Dessa forma, ele insere a exclusão na luta pelo poder.

Mas é a concepção marxista sobre o papel fundamental da miséria e da servidão na sobrevivência do sistema capitalista que constitui a ideia central da dialética exclusão/inclusão, a ideia de que a sociedade inclui o trabalhador alienando-o de seu esforço vital. Nessa concepção a exclusão perde a ingenuidade e se insere nas estratégias históricas de manutenção da ordem social, isto é, no movimento de reconstituição sem cessar de formas de desigualdade, como o processo de mercantilização das coisas e dos homens e o de concentração de riquezas, os quais se expressam nas mais diversas formas: segregação, *apartheid*, guerras, miséria, violência legitimada.

Só essa ideia pode explicar por que um governo prioriza a saúde de bancos em detrimento à saúde da população.

Um exemplo dramático da manifestação da exclusão, atual, é a campanha de "limpeza étnica" em defesa no nacionalismo, desencadeada na Iugoslávia, que nada mais é do que uma retórica moderna para justificar o extermínio e a exclusão de seus cidadãos (primeiro os croatas e depois os kosovares albaneses).

Também variam as formas de incluir e reproduzir a miséria, quer rejeitando-a e expulsando-a da visibilidade, quer acolhendo-a festivamente, incorporando-a à paisagem como algo exótico ou pelo retorno do lirismo ou da retórica exonômica do potencial turístico.

Enfim, o que queremos enfatizar ao optar pela expressão dialética exclusão/inclusão é para marcar que ambas não constituem categorias em si, cujo significado é dado por qualidades específicas invariantes, contidas em cada um dos termos, mas que são da mesma substância e formam um par indissociável, que se constitui na própria relação. A dinâmica entre elas demonstra a capacidade de uma sociedade existir como um sistema. Essa linha de raciocínio permite concluir, parafraseando Castel (1998), que a dialética exclusão/inclusão é a aporia fundamental sobre a qual nossa sociedade experimenta o "enigma de sua coesão e tenta conjurar os riscos de sua fratura".

Na literatura sobre exclusão encontramos vários conceitos que retratam a mesma busca empreendida no presente texto: a busca de um conceito-processo capaz de explicitar as contradições e complexidade da exclusão como o conceito de "participação/excludente" de Maria Alice Foracchi (1974), "inclusão perversa ou marginal" e "exclusão-integrativa" de José de Souza Martins (1997) e o de "inclusão forçada" de Virgínia Fontes (1997).

Esses conceitos representam a busca de outros referenciais de análise da exclusão, capazes de desorganizar os consensos que mutilam a vida nas pesquisas, especialmente os que consideram que o excluído constitui uma categoria homogênea e inerte, ocupada apenas com a sobrevivência física e presa às necessidades.

Para desestabilizar esses conhecimentos, que configuram teorias não democráticas no corpo das ciências humanas, Souza Santos (1997) recomenda a utilização de conceito-processo, que não indica essencialidade, mas movimento, e só adquire sentido quando recheado com a vida pulsante nos diferentes contextos históricos. Para tanto, é preciso realizar pesquisas com aqueles que estão sendo instituídos sujeito desqualificado socialmente (deixando-se ser ou resistindo), isto é, com aqueles que estão incluídos socialmente pela exclusão dos direitos humanos, para ouvir e compreender os seus brados de sofrimento.

Pesquisas que vimos realizando com esse objetivo[9] apresentam resultados que motivaram a denominação desse sofrimento de ético-político. Elas revelam que o sofrimento gerado pela situação social de ser tratado como inferior, sem valor, apêndice inútil da sociedade e pelo impedimento de desenvolver, mesmo que uma pequena parte, o seu potencial humano (por causa da pobreza ou em virtude da natureza restritiva das circunstâncias em que vive), é um dos sofrimentos mais verbalizados. E o que é mais importante, na gênese desse sofrimento está a consciência do sentimento de desvalor, da deslegitimidade social e do desejo de "ser gente", conforme expressão dos próprios entrevistados.

Um resultado que merece ser destacado, pois exemplifica as reflexões teóricas acima citadas, é o de que cada emoção contém uma multiplicidade de sentidos (positivos e negativos), os quais, para serem compreendidos, precisam ser inseridos na totalidade psicossocial de cada indivíduo. Não basta definir as emoções que as pessoas sentem, é preciso conhecer o motivo que as originaram e as direcionaram, para conhecer a implicação do sujeito com a situação que os emociona. A felicidade pode ser boa ou má, dependendo de sua direcionalidade, falou Aristóteles, bem como de sua consciência, ressaltou Espinosa. Segundo ele, nem todas as formas de alegria são igualmente importantes e semelhantes. As nossas paixões podem classificar-se segundo o tipo de alegria que provocam parcial ou totalmente, consciente ou inconscientemente. A alegria do bêbado não é semelhante à do filósofo (Et. III, prop. LVII, p. 187)[10].

O medo também varia de qualidade, como nos explica uma jovem de 18 anos com dificuldade de aprendizagem, ao distinguir o medo que sentia da mãe do medo que sentia da professora (CAMARGO, 1997). Este último era "pavoroso", pois, aliado da humilhação e da vergonha provocadas pelo olhar inferiorizador da professora, e gerava ações atabalhoadas ou paralisia. O medo bom era provocado pelas reprimendas e castigos que recebia da mãe, porque ela acreditava que a filha tinha capacidade para se alfabetizar. Era um medo gerador de potência de ação, que a impulsionava a superar os problemas.

---

9. O Nexin (núcleo de estudos da exclusão/inclusão da PUCSP) desenvolve um programa de pesquisa sobre o sofrimento ético político, ouvindo os relatos de diferentes categorias de excluídos.

10. Essas reflexões são desenvolvidas por Teixeira, 1997: 480.

Essas nuanças do medo também apareceram em uma pesquisa com idosos glaucomizados[11]. Em ambas, o motivo[12] do medo ruim é o mesmo: a perda da confiança em si como sujeito potente. Um motivo essencialmente ético, que diz respeito à cidadania, o que o qualifica como um sofrimento ético-político.

A análise da exclusão por meio do brado de sofrimento capta as nuanças finas das vivências particulares da mesma, demonstrando o que já foi dito anteriormente, que a exclusão não é um estado que se adquire ou do qual se livra em bloco, de forma homogênea. Ela é processo complexo, configurado nas confluências entre o pensar, sentir e o agir e as determinações sociais mediadas pela raça, classe, idade e gênero, num movimento dialético entre a morte emocional (zero afetivo[13]) e a exaltação revolucionária.

Essa questão é clássica na Filosofia e nas ciências humanas. Refere-se aos critérios que demarcam a fronteira entre emancipação e escravidão.

Inúmeros pensadores buscaram a compreensão e esboçaram descrições desse processo, segundo pressupostos ontológicos e epistemológicos diferentes. Mas, apesar da diversidade de abordagem, a maioria das análises baseia-se em valores éticos universais, isto é, elege um princípio regulador sobre o qual se pode agir para minimizar os seus efeitos e atingir a emancipação. Esse princípio é a humanidade (SAWAIA, 1999).

Espinosa denominou-o de potência de ação e o contrapôs à potência de padecer. A filosofia política de Espinosa é ética e remete à humanidade. Ela fundamenta-se no conceito de potência (FERREIRA, 1997: 502), entendido como o direito que cada indivíduo tem de ser, de se afirmar e de se expandir (ESPINOSA, 1988), cujo desenvolvimento é condição para se atingir a liberdade. O seu contrário, a potência de padecer (paixões tristes e alegrias passivas) gera a servidão, situação em que se colocam nas mãos do outro as ideias sobre as afecções do pró-

---

11. Pesquisa realizada por Fernada Cintra relatada no presente livro na parte 2.

12. Segundo Vygotsky, a lei do signo emocional comum é a tendência a unir tudo o que provoca um efeito emocional coincidível. As imagens agrupadas em torno de signos emocionais coincidível carecem de vínculos racionais e por isso são mais frequentes em sonhos.

13. Expressão usada por Sartre (1965) para referir-se ao embotamento emocional, próprio da alienação.

prio corpo. Essas não são contingentes, produtos de circunstâncias que empurram o indivíduo em todas as direções, mas são imanentes a ele, referem-se ao movimento de constituição do homem como potência de libertação, na preservação da própria substância, e que é acompanhada por afeto de alegria.

A análise de Marx sobre alienação, consciência de classe em si e para si, e sobre a passagem de uma para outra, como uma missão histórica da classe trabalhadora, traz implícita a ideia de humanidade. Para referir-se a essa passagem, Marx usa a noção de apropriação. "A apropriação concerne à energia física e espiritual dispendida pela atividade vital dos homens" (SILVEIRA, 1989: 50), a qual, quando realizada pela classe trabalhadora, transcende suas finalidades particulares por ideais universais.

Heller (1987) vai na mesma direção. Orientada pela análise marxista de alienação, distingue dois polos no processo de objetivação do homem no cotidiano: o de "ser humano particular" e o de "ser humano genérico". O primeiro é o homem que se preocupa com o mundo pelos interesses próprios, alienado de sua espécie. Sua motivação é particular e corporativista. O segundo é o homem que se relaciona conscientemente com a genericidade e se indigna com o mundo e consigo mesmo, por questões universais. Portanto, a passagem de uma condição à outra é definida pela maior ou menor consciência da espécie humana.

Habermas (1989) adota de Kolberg os estágios de evolução moral do indivíduo e o amplia à sociedade, indicando um sentido de justiça crescente. O desenvolvimento histórico está fundado no desenvolvimento da consciência moral, que passa por seis estados de obediência às normas sociais: pelo medo do castigo, pela reciprocidade concreta (é dando que se recebe), pela reciprocidade ideal, pela reciprocidade mediada pelo sistema, pela orientação legalista de contratos e, finalmente, pelo respeito aos princípios éticos universais (estágio de justiça social).

Na literatura francesa sobre exclusão encontram-se tentativas de delineamento sem cair no linearismo ou na criação de determinantes absolutos, como a classificação de Paugam (1991). Inspirado na conceptualização goffiniana, ele descreve, a partir de pesquisas empíricas, três tipos de vivência da exclusão na França, que ele denomina de estágios de desqualificação social: os frágeis, os assistidos e os marginais[14].

---

14. Atualmente, ele busca ampliar esses resultados, aplicando a mesma metodologia em outros países, tendo elaborado um programa de pesquisa intercultural, do qual o Nexin faz parte.

Nossas pesquisas sobre morador de rua revelam formas de configuração do pensar, sentir e agir na exclusão, que vão desde os que resistem à exclusão, sabem que são excluídos, querem sair dela e desenvolvem potência de ação para tanto; aos que se subjugam à exclusão, sabem que são excluídos, querem sair, mas afirmam que não podem; até os que falam que não querem sair da situação atual, porque ela é boa. Será que a afirmação de não querer sair da rua é experiência de liberdade? Não seria a revelação da ruptura psicológica e social com a inclusão? Ou o abandono do direito de ser dono de sua própria liberdade, segundo expressão de Negri referindo-se a Espinosa (1993: 173)? Ou a cristalização de uma identidade negativa (PAUGAM, 1997)? Ou a autorrepressão de quem interioriza tão profundamente a servidão e a miséria que já nem sequer sabe desejar uma coisa quando ela lhe é oferecida (BAUDRILLARD, 1995: 219).

Buscar essas respostas para orientar políticas públicas significa incorporar aos cálculos econômicos os custos sociais e humanos das decisões econômicas. Para colaborar com a obtenção das mesmas a Psicologia Social deve oferecer conceitos e teorias que permitam compreender o subtexto dos discursos obtidos nas entrevistas, isto é, a base afetivo-volitiva que os motiva. Interessa saber quais os ingredientes psicossociais que sustentam os discursos dos excluídos no plano intra e intersubjetivo e o que custa a exclusão a longo prazo em termos de sofrimento.

Precisamos continuar pesquisando para conhecer os sentidos que os sujeitos dão a suas experiências, os comportamentos que adotam em relação a si e aos outros e os sentimentos vivenciados no processo.

A potência de ação como objetivo da práxis da Psicologia Social frente à dialética exclusão/inclusão

Tomando como referência as reflexões anteriores, propomos a substituição dos dois conceitos centrais à praxis psicossocial clássica, "conscientização" e "educação popular", pelo conceito de "potência de ação" por causa do excesso de racionalidade, instrumentalização e normatização a que aqueles foram aprisionados. Potencializar, como citado anteriormente, significa atuar, ao mesmo tempo, na configuração da ação, significado e emoção, coletivas e individuais. Ele realça o papel positivo das emoções na educação e na conscientização, que deixa de ser fonte de desordem e passa a ser vista como fator constitutivo do pensar e agir racionais.

No livro IV da *Ética*, Espinosa fala que a capacidade do homem de ser afetado e o modo como o é é determinante à constituição dos valores éticos, pois o que faz a coisa boa ou má é o afeto de que deriva (FERREIRA, 1997: 474). Seu campo de ação é a (inter)subjetividade face a face e também anônima, isto é, as formas de sociabilidade compulsória ou não, as relações intragrupais, mas também as relações virtuais e suas mediações que divulgam e legitimam significados e valores ideológicos.

O conceito de potência faz crítica à racionalidade contida no conceito de conscientização e de educação, mas mantém à ideia de rigor, de aprendizagem e de planejamento. Também une mente e corpo, pois "tudo que aumenta ou diminui, favorece ou reprime a potência de ação do meu corpo, aumenta ou diminui, favorece ou reprime a potência de pensar de minha mente" (ESPINOSA, 1957, livro II). Ao uni-las em uma mesma substância, coloca-as como força que, enquanto tais, não se definem apenas pelos encontros e choques ao acaso. Definem-se por relações entre as infinidades de afecções memorizadas no corpo e na mente.

Potencializar pressupõe o desenvolvimento de valores éticos na forma de sentimentos, desejo e necessidades, para superar o sofrimento ético-político. Segundo Espinosa, a ética só aparece no homem quando ele percebe que o que maior bem faz para o seu ser é um outro ser humano. Dessa forma, o homem se torna ético em função dessa paixão.

Ao se introduzir a afetividade e a ideia de potência de ação na análise da exclusão e da servidão, na perspectiva espinosana, introduz-se também uma concepção de necessidade humana que transcende os vínculos biológicos e as contingências, superando a dicotomia entre ética e necessidade. O homem da necessidade não é antagônico ao homem da ética, e não é preciso superar um patamar mais alto de conforto material para pensar e agir eticamente, como sugerem algumas teorias, como se fosse preciso ter bens para ser ético e ter sutilezas emocionais. Segundo Chauí, Espinosa sublinha que é livre o que age por necessidade de sua natureza e não por causalidade da vontade (1999: 81)

Os moradores de rua demonstram empiricamente a tese de que o desejo e a ética não estão atrelados às necessidades da espécie. Não

115

lhes interessam qualquer sobrevivência, mas uma específica, com reconhecimento e dignidade. Mesmo na miséria, eles não estão reduzidos às necessidades biológicas, indicando que não há um patamar em que o homem é animal. O sofrimento deles revela o processo de exclusão afetando o corpo e a alma, com muito sofrimento, sendo o maior deles o descrédito social, que os atormenta mais que a fome. O brado angustiante do "eu quero ser gente" perpassa o subtexto de todos os discursos. E ele não é apenas o desejo de igualar-se, mas de distinguir-se e ser reconhecido.

Usando o brado de sofrimento dos moradores de rua como bússola teórico-prática da Psicologia Social, aprendemos que é preciso associar duas estratégias de enfrentamento da exclusão, uma de ordem material e jurídica e outra de ordem afetiva e intersubjetiva (compreensão e apreciação do excluído na luta pela cidadania). A 1ª estratégia é de responsabilidade do poder público, a 2ª depende de cada um de nós. Unindo essas duas dimensões, as políticas públicas se humanizam, capacitando-se para responder aos desejos da alma e do corpo, com sabedoria. Nessa perspectiva, a práxis psicossocial, quer em comunidades, empresas ou escolas, deve preocupar-se com o o fortalecimento da legitimidade social de cada um pelo exercício da legitimidade individual, alimentando "bons encontros", com profundidade emocional e continuidade no tempo, mas atuando no presente. A preocupação com a afetividade leva o psicólogo social a encarar o presente como tempo fundante da exclusão, recusando o paradigma da redenção, dominante nas teorias transformadoras, que remete ao futuro a realização dos desejos e da justiça social, como se o presente fosse apenas aparência.

O menosprezo do presente fez as ciências humanas esquecerem-se de que a arte, a religião e a política são exercidas no presente, e que este tem que ser olhado de forma capacitadora, cabendo ao psicólogo social evitar atividades que mutilam a sensibilidade, alimentam a passividade, limitam o conhecimento e a reflexão crítica no presente imediato.

A preocupação com a potencialização de cada um e da coletividade derruba a fronteira artificial entre a universalidade ética e a particularidade do desejo de cada um, e a entre o coletivo e o individual, que sempre marcou a práxis psicossocial.

O objetivo de cada um é rentabilizar maximamente sua potência, diz Espinosa, ao mesmo tempo que afirma que só o conseguimos quando nos unimos a outros, alargando o nosso campo de ação. Os homens realizam-se com os outros e não sozinhos, portanto, os benefícios de uma coletividade organizada são relevantes a todos, e a vontade comum a todos é mais poderosa do que o *conatus* individual, e o coletivo é produto do consentimento e não do pacto ou do contrato.

Quando a doença da escravidão já está instalada, os cidadãos precisam unir-se para alcançarem juntos um poder comum, capaz de impedir todos os excessos desproporcionais entre seus componentes (BODEI, 1997: 37).

Para auxiliar esse processo de emancipação, a práxis psicossocial pode inspirar-se na terapia relativa às paixões contida na obra de Espinosa, onde a alegria ocupa papel crítico seletivo, indicando que os homens devem sempre ser determinados a agir por um afeto de alegria, mas não qualquer alegria, só as positivas, sendo a principal delas a de pensar sem submissão e afastar tudo o que nos causa medo e tristeza e gera superstição.

Isto implica que a práxis psicossocial relativa às paixões deve, concomitantemente à potencialização da ação e como condição da mesma, combater a miséria e a banalização do mal do outro, duas das determinações sociais mais poderosas da exclusão, no final do milênio.

Enfim, introduzir a afetividade na análise e na prática de enfrentamento da exclusão é colocar a felicidade como critério de definição de cidadania e do cuidado que a sociedade e o Estado tem para com o seu cidadão, sem cair no excesso de negar as determinações estruturais e jurídicas, e enaltecer a estatização individualista, promovendo o enfraquecimento da política e das ações na esfera pública e aprisionando os homens em egos escravizados pela tirania do narcisismo e da intimidade.

Referências bibliográficas

ARENDT, H. (1995). *A vida do Espírito*: O pensar – Querer e o julgar. 3. ed. Rio de Janeiro: Relume-Dumará.

_____ (1988). *Da Revolução*. São Paulo/Brasília: Ática/Ed da UNB.

BAUDRILLARD, J. (1995). *Para uma crítica da economia política do signo.* Rio de Janeiro: Elfos.

_____ (1992). *Transparência do mal* – Ensaio sobre fenômenos extremos. Campinas: Papirus.

BODEI, R. (1995). *Geometría de las Pasiones* – Miedo, Esperanza, Felicidad: filosofia y uso político. México: Fondo de Cultura Económica.

BOURDIEU, P. (1998). *Contrafogos* – Táticas para enfrentar a invasão neoliberal. Rio de Janeiro: Zahar.

BROWN, N. (1995). *Apocalipsis y/o Metamorfosis.* Barcelona: Kairós.

CASTEL, R. (1998). *As metamorfoses da questão social* – Uma crônica do salário. Petrópolis: Vozes.

CAMARGO, D. (1997). As emoções no fracasso escolar [Tese de Doutoramento, Programa de Psicologia Social, PUC-SP].

CHAUÍ, M. (1999). *A nervura do real* – Imanência e Liberdade em Espinosa. São Paulo: Companhia das Letras.

_____ (1995). *Espinosa* – Uma filosofia da liberdade. São Paulo: Moderna.

ESPINOSA, B. (1988). *Tratado Teológico e Político.* Lisboa: Imprensa Nacional-Casa da Moeda.

_____ (1957). *Ética.* 3. ed. São Paulo: Atena.

FERREIRA, M.L.R. (1997). *A dinâmica da razão na filosofia de Espinosa.* Lisboa: Fundação Calouste Gulbenkian/Junta Nacional de Investigação Científica e Tecnológica.

FORRACHI, M.M. (1982). *A participação social dos excluídos.* São Paulo: HUCITEC.

GONÇALVEZ FILHO, J.M.(1998). *Humilhação social* – Um problema político em Psicologia. Psicologia USP. São Paulo, vol. 9, n. 2, p. 11-69.

HELLER, A. (1995). *La Ética General.* Madri: Centro de Estudios Constitucionales.

_____ (1985). *The Power of Shame.* London: Routledge & Keagan Paul.

_____ (1979). *Teoria de los sentimientos.* 3. ed. Madri: Editoral Fontamara S.A.

HABERMAS, J. (1989). *Consciência moral e agir comunicativo.* Rio de Janeiro: Tempo Brasileiro.

MARTINS, J.S. (1997). *Exclusão social e a nova desigualdade*. São Paulo: Paulus.

NEGRI, A. (1993). *A anomalia selvagem* – Poder e potência em Spinoza. Rio de Janeiro: Editora 34.

PAUGAN, S. (1991). *La Disqualification Sociale* – Essai sur la nouvelle pauvreté. Paris: Presses Universitaires de France. [Coll. "sociologies", 4ème édition mise a jour 1997].

SAWAIA, B.B. (1999). Psicologia Social – Uma ciência sem fronteira na neomodernidade. In: *La Psicologia al Fin del Siglo,* Anais do XXVII Interamerican Congress of Psychology, Caracas, jun 27-jul 2, p. 323-337.

_____ (1995). O adoecer da classe trabalhadora. In: Lane, S.T.M. & SAWAIA, B.B. *Novas veredas da Psicologia Social.* São Paulo: Brasiliense/Educ.

SARTRE, J.P. (1965). *Esboço de uma Teoria das Emoções.* Rio de Janeiro: Zahar.

SILVEIRA, P. (1989). *Da alienação ao fetichicismo* – Formas de subjetivação e de objetivação. In: SILVEIRA, P. & DORAY, B. *Elementos para uma teoria marxista da subjetividade.* São Paulo: Revista dos Tribunais.

SOUZA SANTOS, B. (1997). A queda do Angelus Novus. Para além da equação moderna entre raízes e opções. *Novos Estudos. Cebrap.* São Paulo: 47, 103-124.

VARIKAS, E. (1997). "O pessoal é político": Desventuras de uma promessa subversiva. *Tempo,* Rio de Janeiro: Relume-Dumará, vol. 2, n. 3, jun.

WEIL, S. (1979). *A condição operária e outros estudos sobre a opressão.* Rio de Janeiro: Paz e Terra.

WEIL, S. (1993). *A gravidade e a graça.* São Paulo: Martins Fontes.

VYGOTSKY, B. (1996). Teoria e Método em Psicologia. São Paulo: Martins Fontes.

_____ (1993). El Problema y el método de Investigación. In: *Obras Escogidas.* Vol II. Visor Distribución S.A., Madri.

_____ (1993a). Pensamiento y Lenguaje. In: *Obras Escogidas.* Vol. II. Visor Distribución S.A., Madri.

VIRGÍNIA FONTES, V. (1997). Capitalismo, exclusões e inclusão forçada. *Tempo.* Rio de Janeiro: Relume-Dumará, vol. 2, n. 3, jun.

IDENTIDADE – UMA IDEOLOGIA SEPARATISTA?*

Bader Burihan Sawaia

O objetivo é refletir sobre o uso do referencial da identidade nos estudos da dialética da inclusão/ exclusão, alertando para os dois paradoxos que a caracterizam na modernidade contemporânea:

1) ser uma perspectiva analítica que contém em si mesma a possibilidade de fugir, tanto das metanarrativas homogeneizadoras quanto do relativismo absoluto que elimina qualquer traço distintivo;

2) ser usada como argumento de defesa do respeito à alteridade em relações democráticas e, ao mesmo tempo, de proteção contra o estranho, legitimando comportamentos xenófobos e excludentes de diferentes ordens.

Vamos iniciar pelo primeiro. Um dos imperativos da modernidade contemporânea, indiscutivelmente, é a busca da identidade, isto é, da representação e construção do eu como sujeito único e igual a si mesmo e o uso desta como referência de liberdade, felicidade e cidadania, tanto nas relações interpessoais como intergrupais e internacionais. É inegável a contribuição da referência identitária neste momento em que indivíduos, coletividades e territorialidades estão redefinindo-se, reciprocamente, em ritmo acelerado. Identidade resgata a individualidade como valor cardeal e com ela a multiplicidade e o movimento dos fenômenos para superar a razão formal da lógica do "um" e das metanarrativas que sufocam as ciências humanas. Também ela tem o sentido de permanência de um modo de ser para enfrentar a crise e a ansiedade provocada pela desconstrução desta razão, juntamente com a

---

* A tese central deste texto foi desenvolvida em relação à temporalidade no texto: SAWAIA, B.B (1996). "A temporalidade do 'agora' cotidiano na Análise da Identidade Territorial". In: *Margem* – Revista da Faculdade de Ciências Sociais da PUCSP, Educ, n. 5.

carência de utopias e a desordem global, que desenraizou o mundo através do titânico processo econômico-técnico-científico do desenvolvimento capitalista (HOBSBAWN, 1995: 562). Como observa Ianni (1996: 1-25), identidades locais são recriadas a partir de características como raça, religião, etnia, para se refugiar da globalização homogeneizadora.

Portanto, de um lado atribui-se à *identidade* a incumbência de resguardar a multiplicidade das individualidades para contemplar a alteridade. De outro, recorre-se a esta referência para enfrentar, no plano individual e/ou social, a indeterminação, a multiplicidade e o medo do estranho, da incomensurabilidade e da relativa essencialidade das coisas.

Mas é preciso estar atento às motivações que direcionam a qualidade de seu resgate como estratégia de relacionamento em defesa do direito à diferença, quer no cotidiano, quer no plano social-coletivo. A ideologia básica da nossa sociedade, que é o individualismo, pode ser uma dessas motivações, que por sua vez alimenta o descompromisso social. Esse processo é muito bem retratado por Lasch (1987) que o conceitua como a "cultura do narcisismo", ou do "mínimo eu". Outros destacam a contradição entre a necessidade de se padronizar para pertencer a um grupo e a necessidade de se destacar como único processo nominado por Elias (1993: 203) de "uma maciça individualização das massas", e que pode ser exemplificado pelo estilo "cool", que hoje atrai jovens do mundo todo. Segundo Calligaris (1999: 4-8), a adesão a este estilo supre o desejo de "ser único, sendo como os outros" e de "ser diferente como todo mundo"... O senso comum também demonstra sem sutilezas a sua captura pelo individualismo massificador. Basta atentar às máximas mais repetidas, hoje, como a de "seja você mesmo", "autenticidade é liberdade", "o que conta é eu ser mais eu" ou "a minha felicidade individual", bem como aos livros que se tornam *best sellers*, como os de autoajuda, as biografias e os de filosofia de consumo fácil.

O medo do desconhecido, gerando ansiedade, agressão e a busca de sinais identitários, foi suficientemente explorado na literatuta. O homem ao defrontar-se com aquilo que não conhece e domina, perde a capacidade de controle, fica inseguro e muitas vezes desesperado. Giddens (1993: 200), um dos mais importantes sociólogos europeus da atualidade, tem refletido sobre o enfraquecimento da tradição e de todos os eixos identitários rígidos, como a tradição, nação, comunidade, família e sexualidade, e sobre a consequente falta de confiança dele decorrente, que pode ser negativa ou positiva à emancipação humana, a depender do grau de liberdade de reflexão das pessoas envolvidas no processo. O enfraquecimento da tradição pode favorecer a autonomia das escolhas, quando acompanhado de atitude reflexiva, mas, quando a reflexão é impedida, pode gerar sofrimento de diversas ordens e mecanismos defensivos, fundamentalistas e *apartheid*, sendo um dos mais comuns a busca de parâmetros fixos de identidade.

Em síntese, a identidade é valor fundamental da Modernidade e é tema recorrente nas análises dos problemas sociais, mas tem um subtexto paradoxal.

Numa visão aparencial, a explicação dos paradoxos pode estar na existência de duas concepções antagônicas de identidade: a identidade transformação/multiplicidade e a identidade permanência/unicidade e na concepção de que um é modelo de normalidade e o outro de patologia. Ledo engano. Uma concepção não anula a outra, e uma não é melhor que outra, ao contrário, a tensão entre ambas permite conceber identidade como "identificações em curso", isto é, identidade que, ao mesmo tempo que se transforma, afirma um "modo de ser.

O problema não é a coexistência do estar repondo a mesmice" (CIAMPA, 1987) com o "vir a ser", mas a desconsideração da dialética entre eles e consequente fetichização de um desses polos, com a finalidade de discriminar, excluir e dominar, nas relações de poder. Quando isto ocorre, cai-se ou na esquizofrenia da "identidade volátil", que impede relações, ou na cristalização da "identidade clichê" que, aliada ao ultrainvestimento na diferença, torna-se marca que separa e discrimina. Ambas matérias-prima do preconceito e do fundamentalismo e cujo horizonte é a solidão e a violência. Inúmeros casos dramáticos podem ser citados como exemplo da tríade identidade/exclusão/ violência. O mais recente é o que ficou conhecido como o da máfia do casaco. Dois adolescentes armados de pistolas, rifles e explosivos mataram 12 colegas e um professor e se suicidaram no prédio da escola que frequentavam na cidade de Littleton, Colorado, no aniversário de Hitler, em nome da humilhação sofrida por serem enjeitados. Este grupo se deixara fotografar, tempos atrás, na mesma escola, ao lado dos seguintes dizeres: "Quem disse que somos diferentes? Insanidade é saudável. Acorde, seja diferente".

O problema dos conflitos sociais não advém unicamente da luta pelo direito à diferença: étnicas, raciais e de gênero ou dos regionalismos e da globalização, mas do fato desses fenômenos estarem atravessados pela ideia da "identidade etiqueta" – defensiva ou agressiva, e, o que é mais importante, usada a serviço da luta pelo poder. Melucci (1992: 41) fala em identidade fundamentalista ou "identità segregata" para se referir a esta qualidade discriminadora da referência identitária, que transforma a luta pelo direito à diferença em condenação ou *obsessão pela diferença*, tanto coletiva quanto individual. Nesta perspectiva a relação com a alteridade e a defesa do direito à diferença transformam-se em luta contra o outro, como ocorreu com parte dos movimentos pela cidadania, que substituíram os dos anos 60, apresentando uma elogiável concepção de cidadania, não mais assentada, exclusivamente, na reivindicação da igualdade, mas na luta pelo direito à diferença e usando a busca das raízes identitárias como estratégia de luta política contra a exclusão e contra a massificação. Muitos desses movimentos, ao mesmo tempo que apresentaram avanços em termos de conquistas sociais, transformaram-se em comunidades defensivas ou agressivas, inclusive fratricidas, interna e externamente. Internamente, por exercerem uma ditadura sobre as necessidades e emoções, impondo modelo rígido de pensar, sentir e agir e, externamente, por transformarem o outro, muitas vezes vizinho, em inimigo, como a limpeza étnica que começou na Iugoslávia, usando a identidade a "obsessão pela diferença" como estratégia de luta contra a separação da Bósnia e agora aparece contra a etnia albanesa, de religião muçulmana, que pleiteia a independência de Kosovo, Estado em que são maioria.

Souza Santos (1994: 119-137) define com clareza a normatização reguladora embutida na referência à identidade, ao afirmar que ela é uma "questão semifictícia e seminecessária". Ele observa que só o colonizado ou um povo em decadência pergunta por sua identidade, e que dificilmente encontra-se um inglês perguntando pela própria. Ele pergunta pela do outro.

Assim, ele situa a identidade nas relações de poder, introduz a ética e a cidadania nas suas discussões, apresentando-a como categoria política e estratégica nas relações de poder. Ele inicia a reflexão afirmando que identidade é síntese de múltiplas "identificações em curso" e, portanto, não um conjunto de atributos permanentes.

Sua reflexão deve ser complementada com o alerta de Badiou (1995; 35-38) de que identificação não é o reconhecimento mimético do outro como semelhante, mas o desejo de ser diferente pelo conhecimento da diferença e admiração por ela. Outros pensadores, especialmente sobre movimentos sociais, compartilham desta concepção, como Melucci (1992: 53), que sugere a expressão "identização" (identizzazione), e Elias (1993; 219) a de "identidade do nós", para marcarem uma concepção de identidade, não como substância que se mantém ao longo da existência, imutável e idêntica a si mesma, que separa e aprisiona o indivíduo na sua interioridade, mas como processo de construção de um modo de ser e estar no devir do confronto entre igualdade e diferença, que nega o individualismo, abrindo o sujeito ao coletivo (CIAMPA, 1987).

Mas, se identidade é identificação em curso, é encontro da igualdade e diferença, por que multiplicam-se as indagações sobre ela? E, mais, por que alguns perguntam e outros não? Essas indagações reforçam a tese de que identidade é uma categoria política disciplinadora das relações entre pessoas, grupo, ou sociedade, usada para transformar o outro em estranho, igual, inimigo ou exótico.

A história está repleta dessa "tendência mórbida à introspecção nacional", afirma Mello (1999), como a da Rússia e dos eslavistas, no século XIX, como os movimentos fascistas do meio do século XX e os movimentos de limpeza étnica do final do século, como o da Iugoslávia e Ruanda. Mas também está repleta de bisbilhotice internacional sobre a identidade do outro, como demonstrou Margaret Thatcher, enquanto primeira-ministra, ao encomendar uma pesquisa sobre a identidade dos alemães, antes de se decidir sobre o apoio ao mercado comum europeu.

Ao se indagar por identidade, para se discutir cidadania ou conhecer um fenômeno, penetra-se nas filigranas das relações de poder e as respostas obtidas podem questionar ou repor significações hegemônicas que as sustentam. Identidade esconde negociações de sentido, choques de interesse, processos de diferenciação e hierarquização das diferenças, configurando-se como estratégia sutil de regulação das relações de poder, quer como resistência à dominação, quer como seu reforço. Portanto, não basta perguntar pela identidade, é preciso conhecer quem pergunta, com quais intenções e sentimentos se pergunta (SOUZA SANTOS, 1994). A pergunta pode se tornar uma forma de narcisismo e dominação, quer no plano individual, quer no coletivo, configurando uma identidade ficcional, que se cristaliza acima das subjetividades e teme a alteridade. As resposta obtidas serão diferentes, assim como as qualidades que comporão o perfil identitário analisado. Sem dúvida, a resposta obtida por Hitler ao perguntar pela identidade do povo alemão tem especificidades. O mesmo pode se dizer da resposta obtida pelo colonizador, ao perguntar pela identidade indígena e pelo escravagista ao inquirir sobre a identidade do negro.

Identidade é conceito político ligado ao processo de inserção social em sociedades complexas, hieraquizadas e excludentes, bem como ao processo de inserção social nas relações internacionais. O clamor pela identidade, quer para negá-la, reforçá-la ou construí-la, é parte do confronto de poder na dialética da inclusão/exclusão e sua construção ocorre pela negação dos direitos e pela afirmação de privilégios. Ela exclui e inclui parcelas da população dos direitos de cidadania, sem prejuízo à ordem e harmonia social.

Esse processo, na maioria das vezes, é sutil como, por exemplo, a definição da identidade da mulher pelas características específicas da vida privada e a justificativa de que ela se origina ou na "natureza humana" ou na vontade e escolha livre: "eu gosto, eu quero". Dessa forma, inclui-se a mulher pela exclusão da vida pública, responsabilizando-a pela situação.

Outro exemplo é o uso do trabalho como definidor de identidade humana, ideia que adquiriu muita força e se incorporou à legislação brasileira no período colonial, passando a justificar a exclusão do índio da humanidade e dos direitos civis. Afinal, ele nunca trabalhou ou teve vontade de trabalhar.

Não pense o leitor que essas reflexões têm a intenção de recomendar o abandono do enfoque da identidade. Ao contrário, elas intentam demonstrar sua utilidade, mas alertando à necessidade de se usar recursos analíticos para se evitar a sua inversão em ideologia separatista, especialmente hoje, em que, com o avanço fantástico da tecnociência, as territorialidades estão em crise e as identidades nacionais se desmancham no ar, fluidificando fronteiras clássicas e criando outras.

Até para compreender o uso da palavra crise nas relações internacionais é preciso conhecer a perspectiva de identidade que a referencia. Quando as transformações territoriais e de nacionalidade apresentam perspectiva apocalíptica, como o embate entre Kosovo e o presidente da Iugoslávia, o conceito de identidade que as referencia é a de identidade territorial clichê, normatizadora, reguladora do poder instituído. O medo exagerado da transformação é justamente produto da insegurança gerada pela quebra de significações hegemônicas e do desempenho monolítico, sustentadores da hierarquização dos benefícios e do poder. Caso contrário, a transformação dos territórios identitários não se configuraria como crise (ROLNIK, 1996). A experiência da dialética entre globalização e localização e os movimentos separatistas são vistos como ameaçadores, sensação de fracasso e despersonalização, pelo medo de perder o poder e as vantagens no confronto com o estranho e no rompimento das fronteiras clássicas geradoras de confiança.

A referência à identidade só pode ser usada quando se supera o seu uso político para discriminar e explorar o outro, quando se reconhece a identidade como igualdade e diferença, fugindo da lógica da mesmidade, retratada no provérbio brasileiro "pau que nasce torto morre torto". É preciso manter a tensão entre os dois sentidos contidos na identidade – o de permanência e o de transformação, concebendo-a como processo de identificações em curso" (Souza Santos, 1994: 119), através do qual um modo de ser e se relacionar se repõe, abándose ao outro e, consequentemente, à transformação.

O uno e o múltiplo não se excluem, constituem-se um na relação com o outro e um contém o outro, ao mesmo tempo que se superam (SAWAIA, 1995). É necessário apresentar-se e ser representado como igual a si mesmo (CIAMPA, 1987) para garantir relações intrapessoal, interpessoal, intergrupal e internacional.

Estudos sobre (i)migrantes mostram que a identidade do lugar de origem favorece a criação de redes de solidariedade, facilita o acesso do "estrangeiro" aos bens e serviços apesar da discriminação. Esta identidade transforma espaços de segregação em guetos de resistência e de aconchego, lugares com "calor" (SAWAIA, 1997), antídoto ao desprezo da sociedade.

A ênfase em traços identitários culturais locais também é estratégia de resistência, por parte de países excluídos da globalização econômica, à mcdonaldização do mundo, habilitando-lhes uma inserção competitiva global.

O perigo está na fetichização desses traços. O permanecer igual a si pode cristalizar-se na luta pelo poder, tornando-se política identitária – excludente e discriminadora. Em contrapartida, usar a perspectiva da identidade como multiplicidade, para pressupor a convivencia com a diversidade ou o estranho pode gerar o abandono da referência identitária e de unidade, caindo no caleidoscópio enlouquecer da mudança desenfreada e do relativismo que nada qualifica.

A rebeldia da identidade é contra a imposição de poderes e de modelos de futuro e não contra a permanência, a ordem e a organização. Ela alimenta a revolta da autonomia contra o autoritarismo que limita o movimento e a multiplicidade. Ela é a qualidade que permite reconhecer e ser reconhecido pela alteridade, sem ser discriminado ou discriminar (SAWAIA, 1995: 20-24).

Assim, torna-se referência, que garante a diversidade e nega a heteronomia, definindo autonomia como a "realização bem-sucedida do projeto reflexivo do eu, condição de se relacionar com outras pessoas de modo igualitário" (GIDDENS, 1993: 206), pois é ligar-se ao outro sem o despotismo do mesmo, qualquer que seja seu critério (BADIOU, 1995).

Usar a referência identitária para analisar os problemas sociais significa buscar orientações para recriar, neste mundo diminuído, desenraizado e desumanizado pela tecnociência, novos espaços de representação democrática das necessidades humanas, recuperando o homem rico de necessidade, com potencialidade de ação e emoção dos escombros da eficácia instrumental. Significa buscar lugares onde a identidade deixa de ser destino e consciência "em si", para se tornar consciência "para si" e para o outro, sem perder o sentimento de ser único e, assim, poder dispor de si para si.

Para tanto é preciso olhar identidade pelo sentido ético em lugar do sentido de tipo cognoscitivo, como um processo constante de configuração de significações, que age como elemento ordenador em relação aos valores, afetos e motivações do sujeito individual ou coletivo. E, para ser mais preciso, é preciso falar da dialética identidade/alteridade.

Nesta perspectiva, identidade, sem abrir mão de seu modo de ser, acolhe a multiplicidade em encontros afetivos, que geram prazer, alimentados pela diversidade e sem temer o estranho. Torna-se modelo de intersubjetividade na promoção não destrutiva da vida em comum, mantendo acesa a possibilidade da política criar formas de solidariedade entre diversos através de encontros crioulos (SAWAIA, 1997).

Referências bibliográficas

BADIOU, A. (1995). *Ética* – Um ensaio sobre consciência do mal. Rio de Janeiro: Relume-Dumará, 1995, p. 35-38.

CALLIGARIS (1999). Adolescente quer ser diferente como todo mundo. In: *Folha de S. Paulo*, caderno ilustrata, 4-8, 29/04.

CIAMPA, A.C. (1987). *A estória do Severino e a história da Severina* – Um ensaio da Psicologia Social. São Paulo: Brasiliense.

ELIAS, N. (1993). *A Sociedade dos Indivíduos*. Lisboa: Publicações Dom Quixote, p.203.

GIDDENS, A.A. (1993). *Transformação da intimidade* – Sexualidade, amor e erotismo nas sociedades modernas. 2. ed. São Paulo: Unesp, p. 200.

HOBSBAWM, E. (1995). *Era dos extremos* – O breve século XX – 1914-1991. 2. ed. São Paulo: Companhia das Letras, p. 562.

IANNI, O. (1996). "A racialização do mundo". In: *Tempo Social,* Revista de Sociologia da USP, v. 8, n. 1, maio, p. 1-25.

LASCH, C.O. (1987). *Mínimo Eu* – Sobrevivência psíquica em tempos difíceis. São Paulo: Brasiliense, 4. ed.

MELUCCI, A. (1992). *Ilgiocco dell io.* Milão: Saggi/Feltrinelli, p. 41.

ROLNIK, S. (1996). "A multiplicação da subjetividade". In: jornal *Folha de S. Paulo*, caderno Mais, seção Ponto Crítico, 19/06.

SAWAIA, B.B. (1997). A legitimidade subjetiva no processo de participação social na era da globalização. In: LOULIER, L. (org.) *Estudos sobre comportamento político e movimentos sociais.* Universidade Federal de Santa Catarina e Abrapso.

_____ (1995). *O calor do lugar* – Segregação urbana e identidade. In: *São Paulo em Perspectiva* – Fundação Seade. São Paulo: 9(2), abr./ju., p.20-24.

_____ (1995). A falsa cisão retalhadora do homem. In: MARTINELLI, M.L. et al. (org.). *O uno e o múltiplo nas relações entre as áreas do saber.* São Paulo: Cortez/Educ.

SOUZA SANTOS, B. (1994). *Pela mão de Alice* – O social e o político na pós-modernidade. Porto, Afrontamento, cap. 6, p. 119-137.

TIMES Magazine (1999). Encarte da *Folha de S. Paulo*, 29/04 – vol. 2, n. 17.

A VIOLÊNCIA URBANA E A EXCLUSÃO DOS JOVENS

Sílvia Leser de Mello

> *Porque a verdade é um valor em sentido estrito enquanto serve à proteção e à melhoria da vida humana, como guia na luta do homem contra a natureza e contra si mesmo, contra a sua própria debilidade e destrutividade.*
>
> Herbert Marcuse

Este trabalho tem o objetivo de trazer brevemente à consideração, no que tange às camadas subalternas, alguns elementos a mais para o estudo da gênese da representação das identidades dos sujeitos na cena urbana.

As perguntas que norteiam estas notas são: como conciliar a democracia com todas as violências e violações de direitos mais elementares que parecem constituir o quotidiano de alguns segmentos da população? Como construir e manter representações positivas de si mesmo, quando elas são sistematicamente depreciadas pela sociedade como um todo?

Vou precisar estas questões partindo de três aspectos que não são valorizados em estudos sobre representações da violência:

1. a vida urbana, sobretudo na metrópole, como um dos elementos criadores de exclusão e de indiferença pelos atos violentos;

2. a violência cometida contra jovens e adolescentes em São Paulo e a impunidade que acoberta esses crimes;

3. a mídia, envolvida na geração e manutenção de estereótipos e preconceitos que estigmatizam as populações mais pobres.

Crianças e jovens, no Brasil, são objeto de exploração desde os tempos coloniais. Se durante a escravidão era legal o uso da criança para todo tipo de trabalho, o trabalho semiescravo de crianças, embora ilegal, ainda é pratica comum no país. Segundo dados do IBGE de 1991, 7.500.000 crianças e jovens trabalhavam no Brasil. Nas regiões de plantio de cana-de-açúcar, como Ribeirão Preto, em São Paulo, uma das mais ricas regiões do Brasil, estimava-se que dos 40 a 50 mil trabalhadores que o cultivo movimenta, 10% eram jovens com menos de 18 anos (IBGE, 1991). Só o desrespeito a direitos trabalhistas e a submissão a trabalho escravo afeta, no Brasil, 65.000 jovens. Estas cifras são impressionantes para o final de um século que reconheceu e fez valer alguns direitos básicos dos cidadãos. E elas suscitam questões que, se de certo modo põem em relevo o aparecimento mais organizado de grupos defensores de direitos humanos, não deixam de salientar, por isso mesmo, a ausência dos grandes problemas da igualdade e da justiça no debate sobre políticas públicas, mostrando que ainda vivemos um regime em que há predomínio das discussões em torno da demanda por punições mais drásticas do que especificamente sobre a exigência de aplicação das leis. A seriedade deste problema se evidencia quando aproximamos aqueles números da legislação, pois o Brasil possui legislação avançada na proteção dos direitos das crianças e adolescentes, o Estatuto das Crianças e dos Adolescentes, o Eca[1].

Na metrópole, os níveis de exploração das crianças não são muito diferentes, mesmo porque a maior parte da população do país vive em zonas urbanas[2]. Se no campo pobreza e trabalho infantil andam de mãos dadas, na cidade essa relação é ainda mais evidente[3]. Um grande numero de famílias sobrevive, em parte, graças ao trabalho de crianças e adolescentes. Normalmente esse trabalho é desenvolvido no mercado informal e as crianças, nem na cidade nem no campo, aparecem como trabalhadores registrados e com direitos trabalhistas asse-

---

1. "O Estatuto da Criança e do Adolescente, consolidando o espírito da Convenção Internacional dos Direitos da Criança, assinada pelos chefes de Estado presentes à Cúpula Mundial pela Criança, configura as crianças e adolescentes como sujeitos de direitos, considerada sua condição peculiar de pessoa em desenvolvimento, rechaçando as formulações de 'incapacidade social' que na prática lhes nega direitos fundamentais, ou o conceito de 'situação irregular' que fomenta a exclusão e a separação da categoria dos 'menores'." Direitos da Criança e do Adolescente, Governo do Estado de São Paulo, 1996. Em seu artigo 60 o ECA proíbe qualquer trabalho a menores de 14 anos de idade, salvo na condição de aprendiz.

2. 78,36% da população brasileira reside em áreas urbanas, contra 21,64% residente em áreas rurais. IBGE, 1996.

3. Segundo valores de 1997, divulgados pelo IBGE, enquanto os ganhos mensais dos 10% mais pobres era de 58,00 reais, os ganhos dos 1% mais ricos da população era, em média, de 7.086,00 reais.

gurados. Na verdade, o envolvimento de crianças e jovens no trabalho é uma ilegalidade que as autoridades e a justiça preferem ignorar[4].

Entre o trabalho e as escolas, que acabam por expulsá-las, após anos de repetidos fracassos, as crianças não contam com muitas alternativas para ter acesso aos rudimentos da educação formal e menos ainda a expressões culturais não banalizadas pela mídia. Ficam, desse modo, excluídas desde cedo de um dos direitos da cidadania que é a educação. Mas a vida na cidade grande é mais complicada para as crianças do que nas áreas rurais. A convivência de segmentos sociais ricos e pobres em um mesmo espaço físico e simbólico gera distorções nas percepções que os sujeitos constroem uns dos outros. A experiência da cidade e da violência é uma experiência partilhada por todos, embora vivida sob condições de extremada diferença. Os contrastes aparecem no tecido urbano de modo muito explícito. Não há só o crescimento e a dispersão dos bairros populares da periferia, mas áreas do centro da cidade que se transformam em guetos urbanos onde vivem os mais pobres.

Nas metrópoles, como São Paulo, tudo parece escapar do controle, assim como ela escapa dos limites espaciais. Perde-se a visibilidade do todo, perde-se a inteligibilidade do conjunto. Na verdade, a metrópole não é apenas um enorme e disforme aglomerado físico, mas é imensa também na quantidade e variedade de sua experiência simbólica. Os habitantes da cidade não conseguem vê-la, ela não se deixa ver. Para conhecê-la precisamos ampliar nossos sentidos e nosso entendimento. Temos necessidade de mediadores, instrumentos que tornem a nossa visão e nossa compreensão mais abrangentes. Não são microscópios e não são telescópios. São a televisão, o rádio e o jornal[5].

---

4. "Existe uma associação inequívoca entre o nível de renda de um país, a distribuição de recursos e o grau de seu respeito pelos direitos humanos. Numa sociedade extremamente desigual, como o Brasil, a desigualdade sob todas as suas formas – de renda, do acesso aos recursos de qualquer ordem (econômica, cultural ou política) e perante o tratamento da lei – gera violações generalizadas de direitos humanos". Pinheiro, Paulo Sergio "Polícia e Consolidação Democrática". In: Pinheiro, P.S. (org.). São Paulo sem medo: Um diagnóstico da violência urbana, Rio de Janeiro: Garamond, 1998, p. 180.

5. Também o mundo é acessível a todos nesta era global e de contactos à distância pela internet. Mas nem sempre os acontecimentos de maior relevância, dentro da perspectiva dos direitos humanos, têm espaço nesses meios de comunicação. É preciso, além disso, dispor de um computador e de treinamento suficiente para utilizá-lo. Somente em teoria, pois todos têm acesso às informações.

Esses veículos denominam-se órgãos de comunicação de massa, porque a escolha e o modo de apresentar a informação que passam ao público devem nortear-se pelo fato primário de estarem se dirigindo a um espectador, um ouvinte ou leitor ordinário, comum. Seu receptor é o homem médio. Para sermos mais radicais, seu receptor não é alguém, é ninguém. É o homem da massa, incógnito, sem face. Esse é o aspecto que mais interessa à Psicologia Social, pois coloca o problema da qualidade do discurso: como dirigir-se a alguém que não possui um perfil psicossocial definido[6]?

A massa e a multidão se assemelham. No século XIX a multidão era a imagem poética da cidade para Poe ou Baudelaire. Estar dentro dela permitia uma poderosa sensação de liberdade. O espaço urbano prestava-se à fruição e ao deleite. Mas a multidão da metrópole contemporânea é um signo ambivalente. Ela facilita a mais perfeita liberdade, mas acoberta o perigo potencial de transformar-se em massa informe e virtualmente anômica[7].

A multidão é a imagem palpável da massa. Ao permitir que os indivíduos desapareçam em seu interior, ela oferece esconderijo às atividades criminosas. O anonimato, identificado por muitos como uma forma de liberdade individual, tanto o é para o bem como para o mal. Nas formas cambiantes da multidão, os contactos são breves e superficiais, cada pessoa é sua máscara momentânea.

A imagem da multidão associa-se à imagem da quantidade. Não só a cidade excede os limites do horizonte espacial, derramando-se para

---

6. Já em 1848, criticando a imprensa e a formação da chamada *opinião pública,* Kierkegaard adianta a ideia dessa dimensão do público; "Um público é tudo e nada, o mais perigoso de todos os poderes, e o mais insignificante: pode-se falar para uma nação inteira em nome do público e ainda assim o público será menos do que um único e qualquer homem sem importância." KIERKEGAARD, S. The Present Age. In: Kierkegaard, selected and introduced por W.H. Auden, London, Cassei and Company, 1955, p. 34. O que vem a ser a "opinião pública" não é, até hoje, questão simples. Veja-se a discussão de Habermas a respeito, tendo em vista o que ele denomina "a derrocada efetiva da esfera pública." HABERMAS, J. Comunicação, opinião pública e poder. In: Cohn, G. (org.). Comunicação e indústria cultural, São Paulo: Cia Editora Nacional, 1971, p. 188.

7. Freud, em 1921, já se preocupa com os fenômenos de massa e seus aspectos psicossociais, desenvolvendo os temas que nos interessam aqui: "...O indivíduo integrado em uma massa experimenta, sob a influência da mesma, uma modificação, às vezes muito profunda, de sua atividade anímica. Sua afetividade intensifica-se extraordinariamente e, em troca, limita-se notavelmente sua capacidade intelectual. Ambos os processos tendem a igualar os indivíduos com os demais da multidão, objetivo que só pode ser obtido pela supressão das inibições particulares de cada um e a renúncia às modalidades individuais e pessoais das tendências." FREUD, S. *Psicologia de las Masas y Analisis de Yo.* Madri, Biblioteca Nueva, 1973, p. 2575.

todos os lados, como há coisas em demasia e demasiado de cada coisa. Há muito de tudo. A imagem da quantidade evoca a da abundância, o pano de fundo do modo de vida urbano, concentrador de riquezas, de dinheiro. A cidade reúne renda e trabalho, miséria e opulência. Imprime visibilidade às condições extremas: a riqueza e a pobreza convivendo face a face não se podem mutuamente ignorar. Se a riqueza é aparatosa e gosta de exibir seu luxo, a pobreza não pode esconder-se, atravessa os limites dos bairros pobres e chega às ruas bem comportadas, às avenidas, às pontes e viadutos, às marquises dos edifícios grandiosos. Terrenos vagos à beira dos rios e das estradas são locais escolhidos para habitação e vão se transformando em imensas favelas, tão visíveis quanto os prédios rutilantes da riqueza e do capital.

Se a visibilidade e a exposição são signos da cidade, seu habitante não se pode furtar ao sentimento das contradições. O prazer estético do teatro e da música está um pouco misturado ao desprazer da mendicância que circunda os locais de espetáculo. A guarda do carro precisa ser negociada com sujeitos, aos nossos olhos, de aparência estranha. Transitam pelos mesmos caminhos os ônibus lotados e os carros luxuosos com seu único ocupante. Não é preciso possuir renda para frequentar todos os lugares da cidade, mas o modo de frequentação é especializado segundo a renda e o *status*.

Insisto no aspecto visível da desigualdade porque essa face da vida paulistana é parte do modo de perceber do homem urbano. A consciência das diferenças, embutida no quotidiano de nossa experiência da cidade, marca profundamente a subjetividade. Dependendo do lugar social de onde é visto, o teatro e a condução permitem, pelo menos, duas leituras diferentes: a dos filhos da luz e a dos filhos da sombra. O que poderá aproximá-las? Há uma troca constante de olhares, mas a reciprocidade deles está carregada de significados diferentes.

A especialização dos espaços na cidade impõe uma ordenação à vida social que atinge, também, os habitantes, formando uma população humana altamente diferenciada. A fragmentação geográfica, e também a das ocupações e das funções, acaba por corresponder a uma fragmentação das experiências e à formação de identidades psicossociais complexas. No caso das classes subalternas, a aquisição da identidade é problematizada pelo forte sentido de discriminação, vivido diariamente sob a forma da humilhação que situa seus integrantes, em relação ao poder, como cidadãos de segunda categoria.

135

Numa cidade do tamanho de São Paulo a divisão de funções e a especialização dos espaços foi levada a extremos. Mesmo assim, não é mais possível manter os sujeitos em lugares demarcados: a cidade está "contaminada" pela pobreza que nem se oculta e nem pode ser ocultada. As ruas se enchem de pedintes, famílias dormem ao relento ou acampadas sob o teto encontrado de uma caixa de papelão. Se o rosto da pobreza não é bonito onde quer que se encontre, com certeza, na cidade, ele é mais feio e mais carregado de símbolos depreciativos. Se recusamos, tantas vezes, olhar para a sua face, nem por isso ela é invisível. Cruza diariamente nosso caminho e é parte da imagem e da consciência que temos da cidade.

Se o modo de vida urbano é dominado pela ideia de quantidade e de abundância, a pobreza na cidade é uma contradição. Seus habitantes estão expostos aos mais variados e intensos estímulos, que invadem todos os sentidos. A contínua chamada dos objetos, oferecidos de mil maneiras ao desejo, não chega só aos que podem comprá-los. Chega igualmente aos pobres, quiçá com mais forte poder de atração. Os objetos de desejo, sejam bens materiais, poder ou prestígio, não estão ao alcance de todos, embora sejam universalmente exibidos.

Os contrastes inspiram apreensão porque trazem sensações não muito claras de desregramento possível. Grande parte da tranquilidade que cerca nossa vida diária está radicada na fé implícita na racionalidade da ordem. Essa fé é a guardiã da estabilidade de nossos comportamentos quotidianos rotineiros. A violência rompe a segurança, facilita a irrupção de fantasias relacionadas ao irracional, e põe de manifesto o potencial de desordem da vida urbana. As massas, quando em movimento, não aparentam ter racionalidade em seus objetivos. A impotência diante de acontecimentos que ultrapassam nossa compreensão e o desconhecimento sobre a cidade e seus habitantes engendra percepções que podem estar na origem das imagens carregadas de preconceitos, fixadas pelas mensagens permanentes e estereotipadas da associação da pobreza com a violência, divulgadas pela imprensa, rádio e televisão. Como a dimensão da cidade não propicia aproximações demoradas, que permitam o nascimento de identificações, o nosso Outro na cidade é sempre um desconhecido.

Na perspectiva da Psicologia Social, ou reconhecemos no Outro um semelhante, e nesse caso conferimos a ele os mesmos atributos de humanidade que encontramos em nós, ou não reconhecemos no Outro um semelhante. Para as classes dominantes é difícil reconhecer um igual nas personagens da pobreza. Reconhece-se o diferente como desigual. Da desigualdade à inferioridade não há muita distância. Da desigualdade, reconhecida como inferioridade e do desconhecimento ao temor, do ponto de vista psicológico, não há, também, grande distância. O medo à desordem e à perda da vida e das propriedades, um grande descrédito na polícia e na justiça podem transformar a insegurança e o temor difusos em acusações contra segmentos sociais ou grupos específicos de sujeitos de quem se desconfia, que não são reconhecidos como iguais, ou seja, não são portadores da mesma humanidade que reconheço em mim e nos meus iguais. São, por definição, portadores de características desabonadoras, de traços de caráter indesejáveis, de um potencial de violência que os torna pouco humanos[8].

Tensão, oposição e conflito são elementos presentes sempre na vida social e que podem exacerbar-se a qualquer momento. Esses elementos, difusos em situações em que a vida social se pauta pela tradição e pelo costume, passam, numa cidade como São Paulo, por transformações em sua natureza. As pessoas, obrigadas a um convívio diuturno com o desconhecido, e com um desconhecido ameaçador, sucumbem às tensões, exageram os conflitos, defendem-se com mais violência. A violência urbana não deixa ninguém fora de seu círculo de horrores.

Os jovens são vítimas predestinadas, porque estão na idade de maior inquietação e demanda por experiências novas e diferentes. Quando não encontram na escola, na família ou nos bairros respostas às suas insatisfações, vão procurá-las nas ruas, espaço desestruturado

---

8. O que há muito era experimentado por uma parcela expressiva dos excluídos da elitista ordem social brasileira passa no momento a ser vivido pelos beneficiários dessa ordem, em especial pelas classes médias. Acossados pela extorsão do fisco, pelo medo do assalto na esquina, pelo rebaixamento dos salários, do poder de compra e do nível de vida, pelo fantasma do desemprego e do subemprego, pelo receio da perda de controle na educação das crianças, motivado, entre outras coisas, pela difusão do consumo de drogas etc. os indivíduos deste grupo vivem um pesadelo, sem esperanças de acordar. Este é o terreno fértil à reiteração automática das defesas narcísicas, defesas que não cedem facilmente à pressão de convicções racionais. O temor de sucumbir, instigado até esse limite, produz uma aderência ao mecanismo conservador de autopreservação, bem mais sensível a soluções mágicas que a soluções reais. As propostas de pena de morte para delinquentes de pés descalços, e o desejo nostálgico de retorno ao autoritarismo, são alguns sintomas dessa aspiração mágica a uma ordem eficiente, rápida e onipotente, que ponha um termo ao caos generalizado." Freire Costa. Jurandir – Psicanálise e Moral, São Paulo: Educ, 1989, p. 38-39.

e aventuroso, com possibilidade de ganho ou diversão, porém cheio de perigos.

Em São Paulo, no ano de 1995, 2.137 jovens, de ambos os sexos e com idades entre 10 e 24 anos, foram assassinados[9]. É um caso de matança, ou de extermínio. Servido em pequenas doses diárias, nos meios de comunicação de massa, não causam mais nenhum impacto sobre a opinião pública, pois acontecem, predominantemente, na periferia e nos bairros populares de São Paulo. O que a imprensa não revela é quem são essas vítimas (CASTRO, 1990: 95).

Um estudo realizado em 1991 constatou que "a maior parte desses jovens pertencia às camadas mais pauperizadas da população; a maioria das vítimas não se encontrava em situação de abandono, nem estava ligada a práticas ilegais; os jovens vitimados por homicídios não faziam parte do contingente dos chamados 'meninos de rua', ou seja, possuíam domicílio fixo e emprego regular (CASTRO, 1990-1995: 185). A esse quadro de matança vem se contrapor o do descaso das autoridades constituídas: a maior parte dos autores dos homicídios de jovens permanece impune, quer devido aos problemas que envolvem a investigação, quer devido à morosidade do procedimento da justiça.

O desconhecimento da autoria desses homicídios contribui, em larga medida, para a existência de uma certa forma de impunidade. Os inquéritos são precários, os laudos sobre a morte muitas vezes inexistentes. As investigações envolvem, frequentemente, a noção comum de que são vítimas "suspeitas", tratadas mais como réus do que como vítimas. "Como é voz corrente do senso comum: um menor infrator a menos, por que se preocupar? A correlação de responsabilização penal/impunidade é baixíssima. A probabilidade de haver responsabilização penal em homicídio de criança e adolescente é de 1.72%. É este o retrato da Administração da Justiça Criminal, o que não enobrece as instituições de Segurança e Justiça, não enobrece o Estado, não eno-

---

9. Com relação aos homicídios, a situação chama mais a atenção no grupo de 15 a 19 anos: os meninos passaram de um coeficiente igual a 9,6 para 186,7 por 100 mil habitantes, representando um aumento de mais de 1.800%, no período de 35 anos. A mesma situação repete-se no grupo etário de 20 a 24 anos, quando as taxas passam de 12,9% para 262,2% por 100 mil habitantes (aumento de quase 2.000%). No sexo feminino, os aumentos foram também elevados, embora em valores bem menores. Ainda quanto aos homicídios, os dados mostram que, em sua maioria, são perpetrados por arma de fogo: em 1975, esse valor era de, aproximadamente, 50% e, em 1991, ultrapassava os 80%." MELLO JORGE, M.H.P. de –"Adolescentes e Jovens como Vítimas" in Pinheiro, PS. (org.) – *São Paulo sem medo*, Rio de Janeiro: Garamond, 1998. p. 109 –110.

brece a sociedade. É esse o valor que tem a vida das crianças e adolescentes. É esse o valor que tem a vida das vítimas de homicídio, crianças e adolescentes pobres (CASTRO, 1990-1995: 255). Ao lhes ser negado o direito de ter sua morte apurada, estão mais uma vez sendo excluídos da cidadania. Essa é uma batalha contra os pobres (GANS, 1995)[10], não contra a violência. Pelo contrário, ela faz a apologia da violência. Nessa batalha os meios de comunicação não são neutros. A Psicologia sabe que é quase impossível a neutralidade quando sujeitos psicológicos plenamente ativos estão envolvidos na definição de acontecimentos e coisas. Também as palavras são maleáveis, sempre abertas à interpretação. Nem mesmo os leitores são neutros.

Dominam a realidade a partir da sua socialização, possuindo uma visão bastante estruturada do mundo e das coisas. Emissores e receptores de imagens e de ideias não trocam apenas informações. Uns agem sobre os outros. Para os receptores, a mídia é responsável pela ampliação do mundo social e do que nele ocorre. Se a vida na cidade não é apreensível com facilidade, os meios de comunicação de massa são os nossos olhos e ouvidos, permitindo o contacto com o mundo dos acontecimentos.

Há vários problemas nessa mediação, mas dois em especial são temíveis. O primeiro é que a mídia tem dono, é paga. Um jornal possui não só leitores como anunciantes. A publicidade move o mundo da mídia e a torna poderosa. O conteúdo informativo tem que respeitar o perfil do seu público, ou forjar um perfil para ele. O mesmo acontece com o rádio e com a televisão. Portanto temos aí já uma dúvida razoável quanto à neutralidade desses meios de informação. O segundo problema é a presunção da existência do homem médio para cada meio de informação. Para esse modelo abstrato de recepção das mensagens, estas são selecionadas, aparadas, arredondadas, modificadas.

---

10. Todo o argumento do autor caminha no sentido de demonstrar que nos últimos dez anos os Estados Unidos declararam uma guerra contra os pobres (e não contra a pobreza) sobretudo de caráter verbal, criando e fixando rótulos estigmatizantes e desqualificadores. "Rótulos negativos raramente estereotipam apenas os comportamentos: quase sempre transformam-nos e amplificam-nos como falhas de caráter. Como consequência, aqueles que recebem benefícios sociais tomam-se personalidades defeituosas ou tipos morais deficientes. É irrelevante que sejam também membros de famílias, fiéis de diversas congregações religiosas ou vizinhos. Na verdade, um dos propósitos dos rótulos é despojar de outras qualidades as pessoas rotuladas", p. 12.

O Brasil é um país violento, dado o alto nível de autoritarismo difuso em suas instituições e disperso na vida quotidiana[11] (ALVES, 1998). As hierarquias sociais são rigidamente mantidas. As leis não valem para todos. Os aparelhos de manutenção da ordem e aqueles encarregados de promover a lei, como a polícia, o exército e os tribunais, abrem claras exceções nos seus procedimentos, na lei e na justiça, em lugar de serem seus depositários (PINHEIRO, 1998)[12]. Se a violência hoje tem características diferentes, e o crime organizado cada dia mais faz sentir sua presença, assim como cresceu demais o consumo de drogas, também se acirraram as diferenças de renda e de nível de vida. Sobretudo na cidade são mais visíveis as contradições de um regime que exclui grandes massas de jovens, negando-lhes o direito à infância, à escola, ao emprego e ao salário.

No que diz respeito à violência, em especial a violência urbana, a mídia é parcial. Os meios de comunicação não se limitam a informar. Tomam partido, julgam e condenam. Ao assim fazerem, aprofundam o temor e a ignorância do público que deveriam informar, usando mensagens e códigos profundamente estereotipados. O preconceito alimenta-se dos estereótipos e gera os estigmas. Na verdade, os meios de comunicação contribuem para aprofundar e ampliar os estigmas, quando, até mesmo a pretexto de dar divulgação a pesquisas acadêmicas, quase sempre o fazem quando elas reforçam a estereotipia. Não se dá a mesma atenção às inúmeras pesquisas que mostram as duras condições de vida das classes subalternas, sua adesão patética ao trabalho e à honestidade. Tivemos amarga experiência do poder da palavra na geração de preconceitos e estigmas durante o regime militar. Era uma guerra aberta contra os chamados subversivos. Hoje a guerra é outra.

---

11. Na sua expressão física e pontual, visível, a violência representa a ponta do 'iceberg', denunciando a presença de uma enorme massa de violência estrutural, oculta nas profundezas das relações sociais. Nesse sentido, a ordem pode ser, como quase sempre é, evocada como base e fundamento para o exercício da violência pela autoridade legitimada, conforme o sistema jurídico vigente, parecendo haver distância entre o ato violento e os fins legítimos a que se destina aquela violência.

12. Estamos confrontados com um paradoxo que enfraquece os esforços contra o crime: as garantias fundamentais existem, mas a cidadania praticamente não existe para a maioria da população. Com efeito, a lei e as instituições da lei e da ordem somente existem através da face da repressão. A sensação de segurança do cidadão deriva de um sentimento de cidadania, e desde que a população não tem acesso nem a uma nem a outra, as medidas extremas e ilegais, como a tortura, as execuções sumárias, o vigilantismo, têm apoio em todos os grupos sociais. PINHEIRO, P.S. "Polícia e Consolidação Democrática" – idem, p. 178.

Trata-se de caracterizar toda uma população como perigosa, indigna de confiança. Mas a arma usada é ainda a palavra, acrescida, agora, da imagem. Pois os programas televisivos são mais poderosos. As imagens da polícia perseguindo os "bandidos", como a matéria diária usada para alimentar o público, conseguem superar a violência com que se trata a violência. São clara e abertamente preconceituosos, grosseiros e, é claro, violentos.

De maneira geral, o que se pode notar, quer na TV, quer no rádio, quer nos jornais, é quase uma campanha de culpabilização coletiva dos pobres pela violência. Através das imagens e das palavras, eles são fotografados e rotulados. Não se veem mais pessoas. Elas tornaram-se rótulos: veem-se carentes, favelados, ladrões, menores infratores, delinquentes, criminosos, bandidos, viciados. Dar ao público um esclarecimento sobre o ato violento deveria ser o papel da mídia. Bem como não prejulgar seus atores, classificando-os e rotulando-os, ou apresentá-los de maneira ridícula, atentando contra a sua dignidade. Incitar à vingança, identificar segmentos da população como portadores de maldade pelo simples fato de serem pobres, gira ainda uma vez a roda da violência e não beneficia ninguém. A violência não nasce e prospera porque há homens violentos. Não é necessário um cientista, como Pasteur, para provar que a violência não tem geração espontânea. Seria papel da mídia esclarecer as raízes sociais, culturais, políticas e econômicas que permeiam a violência nas relações sociais. Quando os jovens vitimados pertencem às camadas ricas, a mídia clama pela punição dos culpados. Este duplo registro da violência traz a marca indisfarçável da discriminação, porque parece que a sociedade deve reconhecer que há mortos dignos e outros indignos. Quando a guerra de extermínio dos jovens acontece na periferia, não há nomes e nem pressões sobre os órgãos de repressão. Há um silêncio social tácito sobre essa violência. Há violências que não contam, como se fossem ritos necessários à depuração da sociedade.

Estes apontamentos não visam diminuir o peso da violência na vida urbana (DAVIS, 1990)[13]. Em São Paulo ela vem crescendo, associ-

---

13. Mas os ritos de violência não são, em nenhum sentido absoluto, um direito à violência. Eles apenas nos relembram que, se tentarmos ampliar a segurança e a confiança no interior de uma comunidade, se tentarmos garantir que a violência ali gerada tomará formas menos destrutivas e cruéis, então devemos pensar menos a respeito de como pacificar os 'desviantes' e mais em como mudar os valores centrais (da sociedade).

ada à facilidade na obtenção de armas de fogo e ao tráfico e consumo de drogas. Mas o homem médio depende sempre, para avaliar esses problemas, do modo como são tratados pela mídia, do espaço que ela lhes dedica, do tom em que se veiculam as notícias e da seleção que destas é feita. Se há um perigo para a democracia na exacerbação da violência urbana, há, também, um sério perigo embutido no poder inconfesso de meios de comunicação, voltados deliberadamente, para a manipulação e controle das massas. Mas, com certeza, também a justiça e os órgãos de investigação não podem continuar se omitindo vergonhosamente da apuração do assassinato dos jovens nas periferias. As vítimas podem tornar-se, por força da contínua exclusão, algozes de uma sociedade que não as recebe, que não as contém, que não as respeita.

Referências bibliográficas

ALVES, Alaôr Café (1998). A violência oculta na violência visível. In: PINHEIRO, Paulo Sergio et ali. *São Paulo sem medo*: Um diagnóstico da violência urbana. Rio de Janeiro: [s.l.], p. 252.

CASTRO, Myriam Mesquita Pugliese (1996). *Vidas sem valor* – Um estudo sobre os homicídios de crianças e adolescentes e a atuação das instituições de segurança e justiça (São Paulo, 1990-1995). Faculdade de Filosofia, Letras e Ciências Humanas, USP. Rio de Janeiro: [mimeo].

DAVIES, Natalie (1990). Culturas do Povo. Rio de Janeiro: Paz e Terra, p. 156.

GANS, Herbert (1995). *The War Against the Poor*: the Underclass and the Antipoverty Policy. Nova Yorl: Basic Books.

IBGE (1991). Dados retirados do Relatório "Trabalho Infantil no Brasil: Um estudo das estratégias e políticas para sua eliminação" [Coordenado por Benedito Rodrigues dos Santos, São Paulo, 1995].

PINHEIRO, Paulo Sergio et ali. – *São Paulo sem medo*: Um diagnóstico da violência urbana. Rio de Janeiro: p. 252.

PRESSUPOSTOS PSICOSSOCIAIS DA EXCLUSÃO: COMPETITIVIDADE E CULPABILIZAÇÃO

Pedrinho Guareschi

Introdução

Entre as diversas maneiras de se enfocar a realidade da exclusão hoje, privilegiamos os aspectos psicossociais, principalmente aspectos dialéticos e críticos. Iniciamos com as razões e motivos pelos quais essa relação de exclusão passa a ter importância específica nos dias de hoje, muito mais, certamente, que em épocas históricas anteriores. Na segunda parte, assumindo uma perspectiva crítica, privilegiaremos espaços que, em geral, permanecem na sombra, ou silenciados, ao se discutir tal problemática. Gostaríamos de poder iluminar essas facetas obscurecidas, propositadamente ou não, e dar voz e vez a muitos atores que não conseguem fazer ouvir seu clamor, manifestar seu pensamento, expressar sua opinião. São investigados aqui alguns aspectos mais específicos e práticos de materialização dessa relação, mostrando as consequências sociais e éticas que isso pode acarretar, obscurecendo facetas que constroem e legitimam situações questionáveis de nossa vida social.

Primeira parte: o surgimento da exclusão

Para se compreender com mais clareza e profundidade a importância da exclusão nos dias de hoje é necessário ampliar nossa visão de mundo e identificar certos determinantes históricos que se fazem hoje presentes. Por detrás do conceito de exclusão, surge e toma forma um novo mundo que desponta provocativo e até certo ponto aterrador. Vamos por partes.

Deixamos claro que nossa abordagem se fundamenta numa perspectiva histórico-crítica. Isso significa que entendemos as sociedades

143

e os grupos humanos a partir do conceito de "relação". Relação, como a definimos, é a ordenação intrínseca de um ser em direção a outro (a "ordo ad aliquid" da boa filosofia). Assumimos também o ser humano como "relação", isto é, como um ser que se constrói e se constitui a partir dos milhões de relações que ele estabelece com todos os seres existentes. Também os grupos humanos, e as sociedades em geral, são melhor compreendidos se forem vistos como constituídos, em sua essência, por relações. Não é, por exemplo, nem o número, nem a cor, nem o tamanho, nem a idade das pessoas o essencial na constituição de um grupo. O que faz um grupo ser grupo são as relações que nele se estabelecem. Isso tanto é assim, que, se não houver relação nenhuma, não se poderá dizer que exista aí um grupo; as pessoas seriam como que postes, colocadas uma ao lado da outra. É claro que também são necessárias pessoas para a constituição de um grupo, mas elas seriam como que o substrato físico do grupo. O que dá "forma", porém, ao grupo, o que constitui um grupo, são as relações. Do mesmo modo, o que modifica um grupo não é a mudança de seus diversos membros, mas a mudança das relações nesse grupo.

Tendo isso como pressuposto, podemos compreender melhor a importância da relação de "exclusão" na compreensão de nosso mundo nos dias de hoje. Para isso são necessárias ainda algumas considerações históricas importantes.

Como as pessoas conseguiram, através dos tempos, garantir sua sobrevivência? Nos inícios de nossa história, supomos, os seres humanos sobreviviam através da apropriação dos produtos da terra, da caça e da pesca. Ainda há grupos humanos cuja sobrevivência é conseguida basicamente desse modo. O desenvolvimento da agricultura, isto é, a descoberta de que se podia plantar sementes e colher os frutos, foi um avanço significativo na história da humanidade. Até a Revolução Industrial, a maneira mais comum de as pessoas conseguirem as coisas para viver era através da agricultura, da fabricação de objetos manufaturados e, em parte, através do comércio desses bens. Mas a Revolução Industrial, com suas máquinas e fábricas, marcou novamente a história da humanidade: as máquinas e as fábricas transformaram, em grande parte, a face da terra.

Há, contudo, uma variável que é essencial para compreender essas diversas transformações históricas, e que, na verdade, vem definir essas diversas épocas: essa variável são as relações que foram se estabelecendo entre as pessoas, ou entre as pessoas e os bens. Eram essas relações que propiciavam maior ou menor desenvolvimento, mas principalmente maior ou menor bem-estar nas diversas épocas e nos diversos povos. No início, as pessoas se apropriavam dos frutos da terra conforme suas necessidades. Já com a agricultura acontece que alguns senhores se intitulam donos das terras, e as pessoas, para sua sobrevivência, trabalham para esses donos. Evidentemente, em troca de poder trabalhar a terra, os agricultores deviam pagar taxas e impostos, que sustentavam os proprietários. A relação não era mais de simples apropriação dos frutos da terra, como antes, mas de subordinação aos senhores, que forneciam aos camponeses parte do produto colhido. No sistema feudal, por exemplo, a relação de posse não se restringia apenas às terras, mas se estendia até mesmo às próprias pessoas, não muito diferentes da escravatura, onde o proprietário considerava os escravos como uma mercadoria de uso pessoal. Já com a Revolução Industrial uma nova relação surgiu: algumas pessoas passaram a ser os donos do capital, isto é, das máquinas e das fábricas. Proclamou-se, então, a "liberdade" do trabalhador: o que o proprietário contratava não eram mais as pessoas, como na escravatura e no feudalismo, mas era o "trabalho" das pessoas: supostamente, só trabalhava quem quisesse. As pessoas eram "livres" para trabalhar ou não. Mas não se perguntava como as pessoas que não fossem trabalhar poderiam sobreviver. Quais, então, as relações que passaram a ser centrais em tal formação social, ou em tal modo de produção? Entre as pessoas houve uma cisão profunda: algumas se tornaram "donas", proprietárias; outras passaram a oferecer a única coisa que possuíam: o trabalho. A essa relação se costuma chamar de dominação. E, na maioria das vezes, quase como uma consequência disso, as que possuíam os meios de produção passaram a explorar a mão de obra do trabalhador: a isso se costuma chamar de exploração. Essas duas relações, dominação e exploração, são, pois, as que definem o modo de produção capitalista, vigente ainda em muitos locais nos dias de hoje. Evidentemente, essas relações podem ser maiores ou menores, mais ou menos intensas ou abrangentes.

Como se pode perceber, existe aqui um profundo cinismo: proclama-se a "liberdade" das pessoas, mas tiram-se todas as possibilidades de as pessoas terem uma terra, ou algum meio de produção com o qual

roduzir o de que necessitam para sobreviver. "Liberda-
er uma qualidade absolutamente individual e "espiri-
n mais nada a ver com o dia a dia das pessoas, ou com
humanos básicos ao trabalho, à moradia, à educação, à
quase que uma espécie de "liberdade de espírito".

eve estar se perguntando qual a razão das considerações
vamos à questão. Tais considerações são necessárias,
ser central, hoje, uma nova relação, que cada vez mais se
ora do tipo de sociedade em que passamos a viver: é a re-
usão.

e novo, então? Apresenta-se, nos dias de hoje, uma novi-
com o desenvolvimento fantástico das novas tecnolo-
ra de se produzir as coisas e a maneira de se executar os
ram uma transformação profunda. Surge o fenômeno da
to é, as novas tecnologias criam instrumentos que subs-
de obra humana. Os robôs, por um lado, e os processa-
icos por outro, executam a maioria dos serviços que eram
or mãos humanas. Com isso multidões de pessoas foram
de seus empregos e as novas gerações nem chegam a
local de trabalho. As relações centrais que definem nos-
não são mais apenas a dominação e a exploração, como
produção capitalista, pois são bem menos agora os que
ominados ou explorados. As pessoas são simplesmente
rabalho, excluídas da produção. Evidentemente, não es-
do que o trabalho acabou. O que acabou, ou diminuiu
ente, é o tipo de trabalho, e de emprego, que era central
so exatamente porque nesse novo mundo que está sur-
parte das pessoas não chegam "mais ao mercado de tra-
ciedade, em geral, e o mundo do trabalho, em particular,
turando a partir de mecanismos que impossibilitam, por
cesso de grande parte das pessoas ao mundo do trabalho.
dade hoje. A isso se chama de *exclusão,* e é dentro desse
órico fundamental que ela deve ser entendida.

s agora à Segunda Parte, onde discutiremos as diversas
e criação e reprodução das relações de exclusão. Deve-
claro que, sem uma legitimação ideológica (psicológica e
elação não consegue se perpetuar por muito tempo e le-
conflitos e confrontos sociais. O que procuramos analisar

aqui são os diversos mecanismos empregados pelos gru
nicos para "trabalhar" e sustentar essa relação, em si me
trica e, na maioria das vezes, injusta e desigual.

Segunda parte: Aspectos psicossociais da exclusã

Vamos nos deter apenas em alguns aspectos, fundar
os ideológicos, que julgamos decisivos para a criação e
da exclusão. Não são os únicos. Mas eles são impresci
sem eles não seria possível legitimar e sacralizar outras f
minação. Além disso, são extremamente eficientes. Sem
mente a exclusão permaneceria hegemônica nas socieda

A competitividade como geradora de exclusão

Vimos acima que as razões apresentadas no final do
e inícios do século XIX, pelo liberalismo, tanto filosófico
palmente econômico, para legitimar as relações de dor
ploração, podiam muito bem ser qualificadas de razões
era principalmente verdade quando afirmava que o modo
capitalista se constituía num grande avanço em direção à
proclamando que as pessoas, nesse novo modo de prod
vam a ser livres, "pois podiam trabalhar ou deixar de trab
muito diverso o cinismo do novo liberalismo, ou "neolibe
se apresenta como moderno, imprescindível e indispens
de hoje. Afirma que a humanidade progrediu e chegamo
tágio de desenvolvimento devido, certamente, às nova
mas também em razão de um novo mandamento que de
rado entre as pessoas, grupos e países, a que decidiu ch
petitividade. A argumentação central é a de que, finalme
do foi dotado de liberdade. A palavra-chave, palavra de o
sagrada, agora é *competitividade*. A competitividade é
uns aos outros" do novo Evangelho. Mas esquece-se que
vidade só é possível se houver diferenças e exclusões.
mais clareza: *a competitividade exige a exclusão*. Essa
central, que não é discutida quando se fala em compe
essa é uma questão essencialmente psicossocial. Vamos
com cuidado.

O pressuposto do liberalismo, ou neoliberalismo, hegemônico em nossos dias, tanto no plano econômico como no filosófico e social, é o de que o progresso e o desenvolvimento só são possíveis através da competitividade. E o confronto, o choque entre interesses diferentes ou contrários, que vai fazer com que as pessoas lutem, trabalhem, se esforcem para conseguir melhorar seu bem-estar, sua qualidade de vida, sua ascensão econômica.

Não posso fugir aqui a um excelente exemplo dessa "metafísica da competitividade". Por seis anos vivi e estudei num país onde a filosofia liberal é um dogma. O que me surpreendia, na maioria dos cursos que frequentei, era a técnica de avaliação. Se os alunos, por exemplo, tivessem obtido, em determinada averiguação, resultados muito bons, por exemplo, entre sete e dez, numa escala possível de zero a dez, eles absolutamente *não* receberiam notas entre sete e dez. Que se fazia? Os resultados eram tomados e colocados na escala de probabilidade (a chamada curva de Gaus, ou "curva do chapéu"), onde por princípio, isto é, por decisão metafísica (pois supõe-se que é assim que a "natureza" opera), alguns, ao redor de 5% da extremidade inferior próximos a 7% eram reprovados (rejeitados), e 5% dos que se aproximavam de 10% eram privilegiados (grupo "de excelência"). Os outros, o comum dos mortais, eram distribuídos no resto da curva, com a grande maioria no centro. Refletindo e questionando tal prática, a resposta dos professores era de que só assim seria possível estabelecer diferenças e confrontos, isto é, seria possível a existência de competitividade, *condição essencial para o progresso e o desenvolvimento*. Percebe-se aqui com nitidez que a competitividade exige a exclusão de alguns e o privilegiamento de outros, para que sejam estabelecidos parâmetros de oposição que vão forçar as pessoas, na competição, a ter de lutar para não serem rejeitadas e excluídas. Não seria possível identificar aqui determinadas falas de altos executivos do governo, ministros, etc. que costumam falar em "universidade de excelência", "grupos e instituições de excelência" etc. a quem, conforme suas decisões, "quanto mais têm, mais lhes será dado?"

Mas atenção que não se trata aqui da competitividade que se deve estabelecer no mercado apenas, o que pode ser justificado. Trata-se da competitividade que se estabelece entre os seres humanos. O que se instala é um novo tipo de guerra. O ser humano, como ser isolado e egoísta (dogmas do liberalismo), tem de competir para sobreviver, de um lado, e, de outro lado, para trazer progresso. O homem de negócios James Goldsmith (*Le Monde Diplomatique*, 1995: 20) afirma sem pejo ou receio: assim como na natureza existem os predadores, que eliminam os "supérfluos", assim também no mundo econômico devem existir predadores que, através da competição, vão eliminar os "parasitas" da sociedade (os pobres e os desempregados, os *excluídos*). O social é tratado como se fosse algo natural, e passa-se do natural ao cultural com uma desenvoltura de fazer inveja. O "Evangelho da Competitividade" (título de um trabalho de PETRELLA, 1991: 32-33) substitui o "amai-vos uns aos outros" pela lei absoluta da competitividade e pelo novo deus, o mercado. Há uma infinidade de "santos" nessa "Ladainha da Santa Competitividade" (outro título de um trabalho do autor): globalização, privatização, desregulamentação, flexibilização etc. (PETRELLA, 1994: 11). Os termos empregados por esses autores nos remetem indiretamente a uma questão moral, pois é um novo "Evangelho" que, de fato, está sendo sugerido como maneira de se viver.

As consequências palpáveis do estabelecimento e funcionamento dessa relação de competitividade é a exclusão não apenas de alguns, mas de milhões, ou bilhões, de seres humanos. Segundo Dowbor (1998: 13ss.) o setor de ponta, que compreende essencialmente os segmentos nobres das empresas multinacionais, e que aplica as elegantes fórmulas de TWM, *just-in-time*, Kaizen, Kan-an, reengenharia e outras, emprega no mundo 73 milhões de pessoas, das quais 12 milhões no Terceiro Mundo. A população ativa do Terceiro Mundo é da ordem de 2,2 bilhões de pessoas. Se admitirmos, conforme relatório da OIT (Organização Internacional do Trabalho) sobre o emprego no mundo, que os 12 milhões de empregos diretos geram mais 12 indiretos, ainda assim estamos falando de algo como 1% do emprego. Há um crescimento assustador da brecha entre ricos e pobres. A polarização mundial entre ricos e pobres é prodigiosamente agravada. Hoje nenhuma pessoa em sã consciência pode falar apenas em "bolsões" de pobreza, quando os bolsões se referem a cerca de 3,2 bilhões de pessoas, 60% da humanidade, que sobrevivem com uma média de 350 dólares por ano. Isto quando o mundo produz 4,200 dólares por pessoa e por ano, portanto, amplamente suficiente para todos viverem com conforto e dignidade.

Manuel Castells, sintetizando os estudos de muitos cientistas sociais atuais, faz um resgate da responsabilidade moral que possuem as ciências sociais nos dias de hoje, no que se refere ao surgimento do "quarto mundo", o mundo dos excluídos. Em sua monumental obra em três volumes que leva como título geral *Era de Informação: Economia, Sociedade e Cultura* (CASTELLS, 1996, 1997, 1998) analisa os principais problemas sociais do fim do milênio e aponta para as dimensões éticas presentes nessa problemática. Mostra como no fim do milênio a exclusão e a miséria ainda se fazem profunda e amplamente presentes. A evolução da desigualdade na distribuição de renda apresenta um perfil diferente se nós assumimos um ponto de vista global, ou se nós olharmos para sua evolução, dentro de países determinados, numa perspectiva comparativa. Num enfoque global houve, nas últimas três décadas, uma crescente desigualdade e polarização na distribuição da riqueza. De acordo com o Relatório sobre Desenvolvimento Humano de 1996 da UNDP (United Nations Development Program) em 1993, apenas 5 trilhões dos 23 trilhões de dólares do GDP (Gross Development Product) provieram dos países em desenvolvimento, apesar de eles somarem aproximadamente 80% da população total. Os 20% da população mundial mais pobres viram sua participação na renda total declinar de 2.3% para 1.4% nos últimos 30 anos. Contudo, a participação dos 20% mais ricos cresceu de 70 para 85%. Isso duplicou a proporção da participação dos mais ricos sobre os mais pobres – de 30: 1, para 60: 1 (cf. CASTELLS, 1998: 80).

Ao mesmo tempo, existe uma disparidade considerável na evolução da desigualdade interna dos países nas diferentes áreas do mundo, com o "surgimento do quarto mundo" (1998: 80). O que parece ser um fenômeno global é o crescimento da pobreza, e particularmente da extrema pobreza.

Ao avaliar a dinâmica social do capitalismo informacional, Castells (1988: 70-165) conclui com essa síntese: No que respeita às relações de distribuição/consumo, ou à apropriação diferenciada da riqueza, encontramos processos de desigualdade, polarização entre ricos e pobres, pobreza e miséria. Por outro lado, diante das relações de produção, encontramos processos de individualização do trabalho, superexploração dos trabalhadores, exclusão social e uma integração perversa, isto é, o processo de trabalho na economia criminosa com atividades de geração de renda que são declaradas por lei como sendo criminosas, tais como o tráfico de drogas, as compras de armamentos, o contrabando de material radioativo, de órgãos humanos e de imigrantes ilegais, a prostituição, os jogos, as extorsões, os sequestros, a descarga ilegal de lixo atômico etc. O que sobra de tudo isso? Uma multidão de seres humanos empobrecidos e descartáveis. Como diz Assmann (1994: 129), "na atual conjuntura, o fato maior é, sem dúvida, o cruel predomínio de uma férrea lógica da *exclusão*, o clima de indiferença antissolidária que a sustenta e, em decorrência, o fato de que uma imensa 'massa sobrante' de seres humanos descartáveis tenha passado a viver como lixo da história" (ênfase nossa).

É evidente que aqui estão também implícitas questões políticas. O papel do Estado, por exemplo, também tem de mudar, independentemente das implicações e consequências éticas. Bourdieu (1998: 38-39) é um dos que denunciam o absolutismo do estado neoliberal: "Essa 'nobreza' do Estado, que prega a extinção do Estado e o reinado absoluto do mercado e do consumidor, substituto comercial do cidadão, assaltou o Estado: fez do bem público um bem privado, da coisa pública, da república, uma coisa sua. O que está em jogo hoje é a reconquista da democracia contra a tecnocracia: é preciso acabar com a tirania dos 'especialistas' estilo Banco Mundial ou FMI que impõem sem discussão os veredictos do novo Leviatã, 'os mercados financeiros', e que não querem negociar, mas 'explicar'; é preciso romper com a nova fé na inevitabilidade histórica que professam os teóricos do liberalismo; é preciso inventar as novas formas de um trabalho político coletivo capaz de levar em conta necessidades, principalmente econômicas (isso pode ser tarefa dos especialistas), mas para combatê-las e, se for o caso, neutralizá-las".

> *Quando se fala em competitividade, dificilmente se assumem as consequências que tal prática pressupõe, principalmente na construção do mundo da exclusão.*

A estratégia da culpabilização

Há outro mecanismo que é necessário desmistificar e denunciar, e que se coloca como uma das estratégias psicossociais mais sutis na tarefa de legitimação da exclusão. Por detrás dele esconde-se uma concepção específica de Ser Humano e um conjunto de valores que servem como fundamentação de tais práticas.

Robert Farr (1991) discute com acuidade o que ele chama de "individualismo como representação coletiva", baseando-se em resultados de diversos trabalhos e pesquisas. Ele chega à conclusão de que essa representação traz como consequência, entre muitas outras, a atribuição do sucesso e do fracasso exclusivamente a pessoas particulares, esquecendo-se completamente de causalidades históricas e sociais. Há uma "individualização" do social, e um endeusamento do individual. Questiona a moralidade de tais práticas, que são assim legitimadas por determinadas teorias nas ciências sociais. De concepções como essas derivam práticas atuais de culpabilização psicológica, muito bem identificadas e analisadas por Viviane Forrester (1997), quando mostra como o desemprego planejado e sistêmico dos dias de hoje, que leva à exclusão de milhões de pessoas, é legitimado por teorias psicossociais. As pessoas são, individualmente, responsabilizadas por uma situação econômica adversa e injusta. Para tais teorias o social não existe.

Tal visão individualista não vai poder dar conta de compreender e explicar irracionalidades globais, tais como a exclusão de milhões, como vimos acima, e até mesmo genocídios mais ou menos planejados, como se registram hoje em alguns continentes, principalmente no africano. Tal visão reducionista do ser humano e explicações históricas dos fenômenos fornecidas por tais teorias não abrem espaço à inclusão de uma responsabilidade social. Karl-Otto Apel (1984) afirma que a modernidade confinou-nos numa ética individualista, uma microética que nos impede de pedir, ou sequer pensar, responsabilidades globais, como é o caso da exclusão de milhões, como foi visto acima. Esse impasse ético reside em que se, por um lado, a microética liberal não dá conta de responder adequadamente às exigências éticas da nova situação em que nos encontramos, por outro lado, não foi ainda substituída por uma macroética capaz de conceber e nela incluir a responsabilidade da humanidade pelas consequências das ações coletivas ao nível da escala planetária.

A exclusão dos saberes

Como um terceiro ponto dessa segunda parte queremos aprofundar aqui uma questão muito delicada, mas que julgamos central no tratamento da exclusão. Trata-se de um pressuposto extremamente difundido na própria academia, e que serve de fundamento, no meu modo de ver, a um sem número de práticas excludentes e, no caso de haver consciência das consequências, a práticas até mesmo perversas. Vamos examinar isso com cuidado.

Existem diversas visões do que seja ciência. Moscovici (1998), num de seus últimos estudos, discute essa questão, tentando mostrar a importância de uma reabilitação do saber popular, do saber do senso comum que são para ele as Representações Sociais.. Ao discutir os pressupostos da academia sobre esse saber popular, ele identifica duas posições bastante claras:

A primeira, que se poderia chamar de a posição "científica", mostra desconfiança com respeito ao conhecimento espontâneo das pessoas comuns. Esses cientistas estão convencidos de que o conhecimento espontâneo deve ser purificado de suas irracionalidades ideológicas, religiosas e populares, e deve ser substituído pelo conhecimento "científico". Não acreditam que a *difusão*, a comunicação de conhecimento, seja algo que possa fazer crescer o nível de conhecimento público, isto é, do conhecimento popular, do pensar comum. Ao contrário, eles creem que o pensamento científico, através da propaganda, no momento oportuno substituirá o pensamento comum.

A segunda posição, ainda segundo Moscovici, é mais geral e poderia, talvez, ser denominada a posição do Iluminismo: o conhecimento científico dissipa a ignorância, fantasiada com os erros de um conhecimento não científico, através da comunicação e da educação. Desse modo, seu objetivo é transformar as pessoas numa multidão de cientistas. Ao mesmo tempo, todos consideram a difusão do conhecimento científico como uma desvalorização, ou uma deformação, ou ambas as coisas, do conhecimento científico. Com outras palavras, ainda segundo eles, quando a ciência se espalhar pela arena social, ela se transformará em algo poluído e degradado, porque as pessoas serão incapazes de assimilá-la. Pode-se ver que há aqui uma convergência entre os dois pontos de vista: o conhecimento popular é perigoso e errado.

Muitos cientistas sociais, contudo, e entre eles o próprio Moscovici, reagem contra esta atitude e querem reabilitar o conhecimento popular que está fundamentado no nosso falar e na vida cotidiana. Mas, além disso ainda, os cientistas sociais reagem contra a ideia subjacente que os preocupou durante longo tempo, isto é, contra a ideia de que as pessoas não pensam racionalmente, tendo criado teorias como o racismo e o nazismo. Moscovici (1998: 375), contudo, é contundente nesse ponto e mostra o profundo engano de quem assim pensa, quando afirma: "Acreditem-me, a primeira violência antissemita teve lugar nas escolas e universidades, e não nas ruas".

Qual a consequência que deriva do menosprezo dos saberes populares? Por detrás de atitudes como essas, esconde-se uma discriminação e uma tentativa de exclusão, ou supressão de um determinado tipo de saber. Emprestamos de Boaventura Santos as palavras veementes com que ele denuncia a profunda e perversa exclusão que é ocasionada por tais práticas. Ele começa afirmando que "há muitas formas de conhecimento, tantas quantas as práticas sociais que as geram e as sustentam" (1996: 328). E logo após: "Não reconhecer estas formas de conhecimento (conhecimento alternativo, gerado por práticas sociais alternativas) implica deslegitimar as práticas sociais que as sustentam e, nesse sentido, promover a *exclusão social*... O genocídio que pontuou tantas vezes a expansão europeia foi também um epistemicídio: eliminaram-se povos estranhos porque tinham formas de conhecimento estranho e eliminaram-se formas de conhecimento estranho porque eram sustentadas por práticas sociais e povos estranhos. O epistemicídio foi muito mais vasto que o genocídio, porque ocorreu sempre que se pretendeu subalternizar, subordinar, marginalizar, ou ilegalizar práticas e grupos sociais que podiam constituir uma ameaça à expansão capitalista...ou comunista" (1996: 328) (ênfase nossa).

Em outra oportunidade o autor também afirma que a "ciência moderna tornou possível uma ruptura epistemológica separando-se do senso comum existente... No entanto, uma vez realizada essa ruptura, o ato epistemológico mais importante é romper com ela e fazer com que o conhecimento científico se transforme num novo senso comum. É preciso, contra o saber, criar saberes e, contra os saberes, contrassaberes" (SANTOS: 1996, 104).

Fica difícil, após essas considerações, não pensar em exemplos concretos que nos rodeiam, como é o caso dos Sem-Terra, que teimosamente instituem uma nova prática, de cooperação e partilha, nos milhares de acampamentos e assentamentos que se espalham pelo Brasil. Ou nos muitos povos indígenas que recusam a pauta traçada por um desenvolvimentismo liberal que quer transformar a todos em trabalhadores com carteira assinada, comprando em supermercados e consumindo nos *shopping-centers*. As práticas diferentes, alternativas, assustam os poderes e os saberes dominantes. Há o perigo de que essas práticas levem a pensar diferente e a um conhecimento que fuja, que escape, à hegemonia do saber acadêmico ou institucional. Enquanto essas práticas de exclusão forem hegemônicas, e os saberes populares forem sequestrados e impedidos de se legitimarem, dificilmente poder-se-á falar numa sociedade verdadeiramente democrática e pluralista, tanto política como cultural e economicamente.

Conclusão

O que tivemos em mente, com esse trabalho, foi mostrar, em primeiro lugar, como e por que a relação de exclusão é central para a compreensão da sociedade atual. Essa relação de exclusão substitui as antigas relações de dominação e exploração, pois as novas relações de trabalho, devido às modernas tecnologias, sofrem uma profunda transformação: não se necessita mais mão de obra no índice exigido pelo modo de produção capitalista tradicional, onde tanto a indústria como a agricultura e os serviços empregavam um grande número de pessoas. Devido à flexibilização tanto do consumo como do mercado, das máquinas e do próprio trabalhador, muitas pessoas são colocadas à margem do processo produtivo. Não é o fim do trabalho, mas é o fim de um emprego como o existente no modo de produção tradicional.

Em segundo lugar, num enfoque mais diretamente psicossocial, discutimos diversas relações e estratégias que servem para legitimar, sacralizar e reproduzir essas relações de exclusão. Refletimos sobre o que está implícito na relação de competitividade. O grito dos países e grupos dominantes é "competir". Mas competição implica exclusão. Competição, como muito bem prova Nelson Werneck Sodré (1995), é um novo nome para o colonialismo. Devido à desigualdade de condições, exigir competição entre desiguais é ganhar de antemão. Fica mal hoje proceder como se fazia antigamente, quando se tomavam determinados países e se impunham determinadas normas de trabalho e exploração. Por isso fala-se hoje em competitividade. Mas essa competitividade entre desiguais acaba por excluir os mais fracos e manter a dominação dos mais fortes.

Na legitimação da exclusão é necessário encontrar uma vítima expiatória sobre quem descarregar o pecado de marginalização, ou quase genocídio, de milhões. Essa vítima é o próprio excluído. O culpado não é um sistema, baseado em relações excludentes, que faz milhões de pobres. Não existe, dentro da ideologia liberal, espaço para o social. Por isso o ser humano é definido como um indivíduo, isto é, alguém que é um, mas não tem nada a ver com os outros. O ser humano, pensado sempre fora da relação, é o único responsável pelo seu êxito ou pelo seu fracasso. Legitima-se quem vence, degrada-se o vencido, o excluído.

Finalmente, tentou-se mostrar que existe uma relação entre exclusão e conhecimento. Isto é, a primeira exclusão que é estabelecida, e da qual muitas outras derivam, é a exclusão de determinados conhecimentos que possam questionar os saberes institucionais e estabelecidos. Sendo que os conhecimentos provêm de determinadas práticas, eliminam-se essas práticas alternativas ou perigosas, para que não ocasionem mudanças ou perda de privilégios e poderes.

Essas estratégias são portanto, profundamente ideológicas. Entendemos por ideologia, baseados em Thompson (1995), o uso de formas simbólicas para criar ou reproduzir relações de dominação, isto é, relações assimétricas, desiguais, injustas. Nesse sentido nossa concepção de ideologia, e consequentemente toda nossa reflexão, possui um sentido crítico, emancipador. São necessários novos "mapas" (BAUMAN, 1998), que conduzam a caminhos novos, humanizantes; que conduzam a novas relações que sejam pluralistas, democráticas, participativas.

Referências bibliográficas

APEL, K-O. (1984). The Situation of Humanity as na Ethical Problem. *Praxis International,* 4: 250.

ASSMANN, H. (1994). *Crítica à lógica da exlcusão*. São Paulo: Paulus.

BAUMAN, Zygmunt (1998). *Globalização*: As consequências humanas. Rio de Janeiro: Zahar.

BOURDIEU, Pierre (1998). *Contrafogos* – Táticas para enfrentar a invasão neoliberal. Rio de Janeiro: Zahar.

CASTELLS, M. (1998). *End of Millenium*. Oxford: Blackwell Publishers.

_____ (1997). *The Power of Identity*. Oxford: Blackwell Publishers.

CASTELLS, M. 1996 The Rise of the Network Society. Oxford, Blackwell+Publishers.

DOWBOR, L., IANNI, O. & EDGAR, P. (orgs.). (1988). Desafios da Globalização. Petrópolis: Vozes.

FARR, Robert (1991). Individualism as a collective representation. In: AESBICHER, V., DECHONCHY, J.P. & LIPIANSKY, M. *Idéologies et Représentations Sociales*. E.D.S.: Del Val.

FORRESTER, V. (1997). *O horror econômico*. São Paulo: Unesp.

Le Monde Diplomatique (1995). Éloge du prédateur. May, p. 20.

MOSCOVICI, S. (1998). Presenting Social Representations: A Convesation. *Culture & Psychology*, vol. 4 (3): 371-410.

PETRELLA, R. 1994 Les Litanies de la sainte Compétitivité. *Le Monde Diplomatique*, fevereiro, p. 11.

_____ (1991). Lévangile de la sainte Compétitivité. *Le Monde Diplomatique*, setembro, p. 32-33.

SANTOS, B.S. (1996). *Pela mão de Alice* – O social e o político na Pós-modernidade. Campinas: Cortez.

SODRÉ, N.W. (1995). *A farsa do neoliberalismo*. Rio de Janeiro: Graphia Editorial.

THOMPSON, J.B. (1994). *Ideology and Modem Culture-Criticai Social Theory in the era of Mass Communication*. Cambridge: Cambridge University Press.

SOBRE OS *

BADER BURIHAN SAWAIA: Socióloga. Doutora em Psico
Professora do Departamento de Sociologia e do Program
Pós-Graduados em Psicologia Social da PUCSP. Coorde
cleo de Estudos da Dialética Inclusão/Exclusão da PUC

DENISE JODELET: Diretora do Laboratório de psicologia S
des Hautes Études de Paris, até 1998, principal colabora
covici. Seus escritos são referência mundial na temática
tação Social.

MARIANGELA BELFIORE WANDERLEY: Professora da Facu
viço Social e do Programa de Pós Graduação em Serv
membro do conselho de especialistas da Capes, na área
cial. Coordenadora do núcleo de movimentos sociais d

MAURA VERAS: Socióloga. Doutora em Ciências Sociais.
Departamento de Sociologia e do Programa de Estudo
dos em Ciências Sociais da PUCSP. Coordenadora
Estudos e Pesquisas Urbanas da PUCSP.

PEDRINHO GUARESCHI: psicólogo social. Doutor em Psic
Comunicação. Professor e Pesquisador da Pós-Gradua
dade de Psicologia da PUCRS.

SERGE PAUGAM: Sociólogo, pesquisador do CNRS e Pr
d'Etudes Politiques de Paris.

SILVIA LESER DE MELLO: Psicóloga. Livre-Docente em Ps
Professora Titular da Faculdade de Psicologia e do Prog
dos Pós-Graduados em Psicologia Social da USP.

TEREZA CARRETEIRO: Psicóloga. Professora titular do de
Psicologia da Universidade Federal Fluminense.

PSICOLOGIA SOCIAL

Confira outros títulos da coleção em

livrariavozes.com.br/colecoes/psicologia-social

ou pelo Qr Code